LA RÉPUBLIQUE

VIIe LIVRE

PARIS. — IMPRIMERIE DE E. MARTINET, RUE MIGNON, 2

PLATON

LA RÉPUBLIQUE

VIIe LIVRE

TRADUCTION DE GROU

PUBLIÉE

AVEC UNE INTRODUCTION ET DES NOTES PHILOSOPHIQUES

PAR

L. LIARD

Professeur de philosophie à la Faculté des Lettres de Bordeaux.

PARIS

GARNIER FRÈRES, LIBRAIRES-ÉDITEURS

6, RUE DES SAINTS-PÈRES, 6

1875

INTRODUCTION GÉNÉRALE

THÉORIE PLATONICIENNE DES IDÉES

I. Allégorie de la caverne; distinction du monde sensible et du monde intelligible. — II. La dialectique; la purification. — III. La sensation n'est pas la science — IV. L'opinion n'est pas la science. — V. La pensée discursive n'est pas la science. — VI. Les choses sensibles sont le point de départ de la science; mais la science consiste dans l'intuition des idées. — VII. Caractères des idées: généralité, perfection. — VIII. Les idées ne sont pas identiques aux nombres des pythagoriciens; distinction du nombre mathématique et du nombre idéal. — IX. Théorie de la réminiscence. — X. Eléments des idées : l'un et la dyade indéfinie; le mouvement et le repos, le même et l'autre. — XI. Dualisme apparent, unité intime du platonisme; rapports des idées entre elles; l'unité absolue. — XII. Le bien. — XIII. Rapports du bien aux choses; théorie du *Timée;* théorie de la République. — XIV. Providence; optimisme; immortalité.

I

« Platon [1], dit Aristote, s'était familiarisé dès sa jeu-

1. Platon, fils d'Ariston et de Périctione, naquit à Egine le 7 du mois de thargélion de la 3e année de la 87e olympiade (21 mai de l'année 429 avant J.-C.). C'était, suivant la tradition, le jour anniversaire de la naissance d'Apollon, dieu de la poésie, de l'harmonie et de l'éloquence. Ses parents le consacrèrent aux muses et à Apollon; pendant le sacrifice, des abeilles vinrent déposer leur miel sur les lèvres de l'enfant endormi. — Il reçut une éducation libérale; il eut pour maîtres de gymnastique Ariston d'Argos; de musique, Dracon; de grammaire, Denys le grammairien, et probablement pour maître de mathématiques le célèbre Théodore de Cyrène.

A vingt ans, il entendit So-

nesse, dans le commerce de Cratyle, avec cette opinion d'Héraclite que tous les objets sensibles sont dans un écoulement perpétuel, et qu'il n'y a pas de science possible de ces objets [1]. » — D'autre part, il avait appris, dans le commerce de Socrate, son maître, que la science a pour objet l'universel. Aussi fut-il naturellement amené à distinguer la réalité apparente de la réalité vraie, le monde sensible où tout n'est que phénomène, mouvement et devenir, et le monde intelligible où tout est permanence, immobilité et existence.

Cette distinction du fantôme et de la réalité, du monde sensible et du monde intelligible, n'est mieux marquée nulle part que dans la célèbre allégorie de la *caverne* par laquelle s'ouvre le septième livre de la République. Voulez-vous une image de la condition humaine, imaginez un antre souterrain percé dans toute sa longueur d'une ouverture qui donne entrée à la lumière; dans cet antre, des hommes sont enchaînés depuis leur naissance; les chaînes qui leur retiennent les jambes et le cou ne leur permettent ni de changer de place, ni de tourner la tête;

crate, et sa vocation fut dès lors décidée; il avait sans doute déjà été initié par Cratyle à la doctrine d'Héraclite. — A la mort de Socrate (399), Platon, âgé de trente ans, suivit à Mégare les disciples du sage; là, il s'initia à la doctrine éléatique dans le commerce d'Euclide et d'Hermogène. En quittant Mégare, il partit pour de lointains voyages; il visita l'Egypte et l'Italie méridionale, où il se lia, à Tarente, avec Archytas, à Locres, avec Timée. De l'Italie il passa à Syracuse, où il fut en rapport avec Denys l'Ancien. Bien accueilli d'abord, il fut ensuite déclaré prisonnier de guerre par le tyran, remis comme tel à Pollis, ambassadeur de Sparte, et vendu par celui-ci à Egine. Racheté par un de ses amis, il rentra dans sa patrie après dix ou douze ans d'absence (388 avant J.-C.). — Il ouvrit alors une école de philosophie dans le gymnase de l'Académie. Après y avoir enseigné pendant vingt-deux ans, il fit, à la sollicitation de Dion, deux voyages à Syracuse, pour essayer de faire du jeune Denys le modèle des princes. L'épreuve échoua et le philosophe revint à Athènes; il y passa les dernières années de sa vie à enseigner et à reviser ses dialogues. Suivant la tradition, il mourut dans un banquet nuptial, la 19e année du règne de Philippe (349 avant J.-C.). Les Athéniens lui firent de magnifiques funérailles.

1. *Met.*, livre I, chap. VI.

ils ne peuvent voir que les objets situés devant eux. Derrière eux brûle un feu dont la lueur les éclaire; entre eux et ce foyer de lumière est un chemin escarpé, bordé par un mur semblable à ces cloisons derrière lesquelles les charlatans dérobent aux spectateurs les ressorts et le jeu des merveilles qu'ils montrent. Des hommes qui passent derrière le mur portent des objets de toute espèce, figures d'hommes, d'animaux, en bois et en pierre; ces figures seules dépassent le mur et apparaissent; ceux qui les portent demeurent cachés; ils passent sans rien dire, ou s'entretiennent entre eux. Dans cet état, que verront les captifs? rien, si ce n'est leurs propres ombres, celles de leurs compagnons de captivité, et celles des objets promenés derrière eux, ombres que la lumière du feu qui brûle au dehors projette sur la paroi de la caverne qui s'étend devant eux. S'ils parlent, ils donneront aux fantômes les noms des choses elles-mêmes, et si, au fond de leur prison, un écho répète les paroles des hommes cachés derrière le mur, ils croiront entendre parler les ombres; ces ombres, leurs mouvements, leurs prétendus discours, seront pour eux toute la réalité, ils ne soupçonneront pas d'autres existences.

Qu'on détache un de ces captifs; qu'on le force sur-le-champ à se lever, à tourner la tête, à marcher et à regarder du côté de la lumière, il ne fera tout cela qu'avec peine; la lumière lui blessera les yeux, et l'éblouissement l'empêchera de discerner les objets dont il voyait auparavant les ombres. Mais une fois accoutumé à cet éclat nouveau, ne croira-t-il pas que les objets qu'il voit maintenant sont plus nets, plus distincts, plus réels que les ombres qu'il contemplait naguère? Qu'on l'arrache maintenant de la caverne, qu'on le traîne jusqu'à la clarté du soleil, quel supplice pour lui! Arrivé au grand jour, les yeux tout éblouis de cette éclatante lumière, il ne pourrait pas discerner les objets que nous appelons réels, il lui faudrait du temps pour s'y accoutumer; ce qu'il discernerait plus facilement, ce seraient d'abord les ombres, puis les images des hommes et des autres objets, projetées et peintes sur la surface des eaux; il finirait par pouvoir contempler les objets eux-mêmes. De la terre il porterait ses regards vers le ciel, dont il soutiendrait plus facilement la vue pendant la nuit à la lueur des étoiles et de la lune; enfin il serait en état de fixer et de contempler le soleil lui-même. Après ces épreuves, se mettant à raisonner, ne conclura-t-il pas qu'il se trompait en donnant le nom de réalités aux fantômes mobiles de la caverne, et que maintenant seulement il connaît les réalités véritables ?

« Eh bien! mon cher Glaucon, c'est là précisément l'image de la condition humaine. L'antre souterrain, c'est ce monde visible; le feu qui l'éclaire, c'est la lumière du soleil; ce captif qui monte à la région supérieure et qui la contemple, c'est l'âme qui s'élève jusqu'à la sphère intelligible. »

Ce monde des *idées*, tant que nous sommes plongés dans la sensation, nous n'en soupçonnons pas l'existence; il existe pourtant, et l'âme a la faculté de le connaître; seulement cet organe de l'âme est dans une mauvaise direction; « tout le secret consiste à tourner cet organe avec l'âme tout entière de la vue de ce qui *naît* à la contemplation de ce qui *est* [1]. » C'est la *dialectique* qui fait passer notre âme, en l'habituant peu à peu aux clartés éblouissantes du monde intelligible, de la vue des apparences sensibles à la contemplation des *idées*.

1. *Républ.*, VII.

II

La méthode platonicienne a reçu le nom de *dialectique*. Complexe en ses procédés, variée dans ses aspects, libre dans ses allures, la dialectique est chez Platon une méthode à la fois logique et ontologique [1] ; qu'on s'abandonne à son courant, et on sera porté jusqu'aux premiers principes de la connaissance qui sont aussi les premiers principes de l'existence. Pour Platon, la pensée et l'être sont identiques ; les lois de la première sont aussi les lois du second ; connaître l'une, c'est connaître l'autre. Aussi exposer la *marche dialectique* (πορεία διαλεκτική) de l'esprit vers la vérité, est-ce en même temps exposer la métaphysique platonicienne.

La dialectique qui doit amener graduellement l'homme du jour ténébreux où il est plongé aux pures clartés de l'intelligible, commence par purger l'âme de ses er-

1. La *dialectique*, si l'on consulte l'étymologie du mot (διαλεκτική, διαλέγεσθαι, διάλογος), est l'art du dialogue, par suite l'art de la discussion, par suite enfin l'art du raisonnement. On en attribue l'invention à Zénon d'Élée. Avec Socrate, la dialectique change une première fois d'aspect ; elle reste toujours une méthode de discussion et de réfutation ; mais en même temps elle comprend des procédés d'invention. Les interrogations habilement conduites de Socrate tendaient, à l'aide de divisions et d'éliminations successives, à établir des définitions générales, c'est-à-dire le genre prochain et la différence spécifique des objets à définir ; la dialectique ainsi entendue est une méthode logique. Avec Platon, sans cesser d'être une méthode de réfutation et une méthode logique, elle devient une méthode ontologique ; puisque l'*idée*, objet de la définition est la réalité même, la dialectique qui le dégage et l'établit, atteint l'essence et les principes des choses. Par le mot dialectique, Platon entend tantôt l'ensemble de ces procédés de méthode, tantôt seulement l'un ou l'autre d'entre eux. Ainsi, pour ne citer que quelques exemples, dans le *Cratyle*, il définit le dialecticien celui qui sait interroger et répondre, τὸν ἐρωτᾶν καὶ ἀποκρίνεσθαι ἐπιστάμενον ἄλλο τι σὺ καλεῖς ἢ διαλεκτικόν ; — ailleurs, VIIe livre de la *République*, il appelle dialectique l'intuition pure des idées, à l'exclusion de tous les procédés discursifs du raisonnement.

reurs et de ses préjugés. Platon insiste avec force sur cette *purification* (κάθαρσις) intellectuelle et morale : « Plusieurs, dit-il dans le *Sophiste*, ont cru reconnaître que toute erreur est involontaire, que nul ne consent à apprendre une chose lorsqu'il se persuade en être suffisamment instruit, et qu'en ce cas la méthode d'exhortation ne peut produire de grands effets...

» Pour extirper cette confiance en un prétendu savoir, ils s'y prennent d'une autre manière. Ils interrogent leur homme sur des choses qu'il croit savoir, tandis qu'il les ignore; ils n'ont pas de peine à reconnaître les opinions dans lesquelles il s'égare, et, les rapprochant les unes des autres, ils les lui montrent se contredisant entre elles sur les mêmes sujets, considérés dans les mêmes rapports et sous le même point de vue. Quand il a vu ses illusions ainsi dissipées, il devient plus sévère pour lui-même et plus indulgent pour autrui; il se délivre de l'arrogante et superbe opinion qu'il avait de lui-même, et c'est là de toutes les délivrances la plus heureuse qui puisse lui arriver et la mieux assurée dès qu'une fois on l'a obtenue. Ceux qui purgent ainsi les âmes, mon cher enfant, se conduisent comme les médecins du corps; ceux-ci ont pour principe qu'il ne faut pas lui donner d'aliments nouveaux avant d'en avoir expulsé ce qui embarrasse ses fonctions; ceux-là pensent de même que l'âme ne peut profiter des connaissances qu'on lui pourrait présenter avant qu'on ait traité le malade par la réfutation, qu'on lui ait fait honte de lui-même, qu'on l'ait purgé en quelque sorte, en le délivrant des opinions qui font obstacle à la science, et qu'on lui ait appris à reconnaître qu'il ne sait que ce qu'il sait, et rien de plus. Nous devons donc convenir, Théétète, que la méthode de réfutation est la plus grande et la plus sûre de toutes les purifications, et celui qui n'en a pas subi l'épreuve, fût-il le grand roi lui-même, on doit le tenir pour impur au plus haut degré, mal élevé et difforme, précisément par rapport aux choses où l'homme qui aspire au vrai bonheur doit être le plus pur et le plus beau. »

III

Une fois affranchi et purifié, l'esprit cherche la science. Où la trouver? — Ce que l'âme aperçoit d'abord en elle-même, c'est la sensation (αἴσθησις). La sensation est un changement produit en nous, une modification intérieure qui s'évanouit bientôt pour faire place à une autre modification. Les Ioniens ont identifié la pensée avec ce mouvement sans fin de la sensation; suivant Héraclite, la vérité est pour chacun dans sa manière de sentir; suivant Protagoras, l'homme est la mesure de l'existence des choses qui existent, et de la non-existence de celles qui n'existent pas, c'est-à-dire qu'il juge de l'existence et de la non-existence par les sens. Faut-il accepter ces maximes? Pour répondre à cette question, « examinons cette sensation toujours en mouvement, et, en la frappant comme un vase, voyons si elle rend un son bon ou mauvais[1] ».

Tout se meut; le mouvement est une translation et une altération; tout corps qui change de lieu change aussi de nature; il n'est donc rien en soi, et on ne peut même en saisir l'apparence, puisqu'à chaque instant il n'est plus ce qu'il semblait être l'instant d'avant; puisque tout coule, les sensations sont aussi peu stables que les qualités sensibles. C'est donc une chimère que d'espérer fixer quelque chose sur l'océan toujours mobile de nos impressions sensibles.

1. *Théétète.*

D'ailleurs, pût-on y parvenir, on serait loin de posséder la science. La vue saisit les couleurs, l'ouïe les sons, mais aucun de ces sens ne perçoit ce que les couleurs et les odeurs ont de commun. Pourtant il est des qualités communes que nous attribuons aux objets divers de nos sens : l'être et le non-être, la ressemblance et la différence, l'unité et la multiplicité, la grandeur et la petitesse, etc., et nous croyons *savoir*, lorsque nous connaissons ces qualités universelles qui échappent aux prises de nos sens.

Il y a plus; chaque sens, impuissant à découvrir ce qu'ont de commun des sensations distinctes, ne porte même pas une affirmation invariable sur son objet spécial. Ce corps que je sens est chaud, mais il est froid si je le compare à un autre corps plus chaud; Simmias est grand comparé à Socrate; il est petit mis à côté de Cébès. Sur un même objet, les sens disent donc à la fois chaud et froid, grand et petit, blanc et noir, mou et dur, etc.

L'esprit peut-il recevoir ces témoignages contradictoires portés par un même témoin sur les mêmes objets? La sensation ne nous apprend pas ce que c'est que la chaleur et le froid, la grandeur et la petitesse, la blancheur, la dureté, et c'est précisément ce qu'il faudrait savoir ; elle nous montre toujours les qualités contraires. réunies dans le même objet, sans pouvoir nous dire ce qu'est chacune d'elles.

La *sensation* n'est donc pas la *science*. La dialectique nous pousse plus loin.

IV

Faut-il attribuer les principes de la science au travail logique de l'esprit sur les sensations, à l'*opinion* (δόξα)?

La matière sur laquelle s'exerce l'opinion, c'est la sensation actuelle et la sensation conservée par la mémoire; les instruments qu'elle emploie sont la comparaison et le jugement. Peut-elle nous donner la science? Comparer ou juger, c'est établir des rapports entre deux ou plusieurs termes. Dans le jugement il faut donc considérer deux choses : les termes et les rapports. Les termes sont fournis par les sensations; ils n'ont donc en eux-mêmes ni stabilité ni réalité véritable. Les rapports, quelle que soit la nature des termes, sont toujours des relations absolues et nécessaires d'égalité ou d'inégalité, d'identité ou de différence, de substance et de mode, de cause et d'effet; sans ces relations, le jugement perd toute réalité; loin de nous les fournir, il les suppose donc. Par conséquent, l'opinion n'est qu'une connaissance empruntée et relative; elle est à la science ce que l'ombre est à l'objet; elle n'est pas cette science pure à laquelle l'esprit aspire, et au sein de laquelle il peut se reposer.

La dialectique nous pousse encore plus loin.

V

Est-ce la *pensée discursive* (διάνοια), la déduction des géomètres, qui nous donnera les vrais principes de la science?

« Les géomètres et les arithméticiens *supposent* deux sortes de nombres, l'un pair, l'autre impair, des figures, trois espèces d'angles, et ainsi du reste, selon la démonstration qu'ils cherchent; ils regardent ensuite ces suppositions comme autant de principes certains et évidents, *dont ils ne rendent raison ni à eux-mêmes, ni aux autres;* ils partent de ces hypothèses, et, par une chaîne non interrompue, descendent de proposition en proposition jusqu'à celle qu'ils avaient l'intention de démontrer. » La vraie science n'est pas encore là. La méthode des géomètres suppose les principes du raisonnement et la loi de ce raisonnement, et ne les établit pas; les principes, ce sont les hypothèses propres à chaque cas particulier; la loi de la déduction, c'est l'identité de la pensée avec elle-même; le géomètre part de certaines vérités, qu'il pose sans les démontrer, et il en tire des vérités nouvelles, en s'appuyant sur le principe d'identité ou de contradiction qu'il ne démontre pas davantage; il suppose donc les notions de la vérité, de l'identité et de l'existence; ces notions ne résultent donc pas de la pensée discursive.

La dialectique nous pousse plus loin encore.

« Les géomètres se servent de figures visibles, et y appliquent leurs raisonnements, quoique ce ne soit pas à elles qu'ils pensent, mais à d'autres figures représentées par celles-là. Par exemple, ce n'est ni sur le carré ni sur la diagonale tels qu'ils les tracent que portent leurs raisonnements, mais sur le carré tel qu'il est en lui-même avec sa diagonale. J'en dis autant des autres figures qu'ils représentent soit en relief, soit par le dessin, et qui se reproduisent aussi soit par leur ombre, soit dans les eaux. Les géomètres les emploient comme autant d'images qui leur servent à connaître les vraies figures qu'on ne peut connaître que par la pensée (νόησις). [1] » — Ces conceptions que le géomètre suppose, le philosophe doit les expliquer. Elles ont pour caractère essentiel la généralité; l'opération intellectuelle aura donc pour caractère de s'élever du particulier au général, en réunissant « les objets multiples sous l'unité de la notion universelle, pour aboutir ainsi à une définition [2]. »

1. *Rép.*, VI. 2. *Phèdre*.

La dialectique ne nous permet pas de nous arrêter aux principes hypothétiques du raisonnement discursif.

VI.

Si la sensation n'est pas la science, les choses sensibles sont le point de départ de la science. « C'est par la vue, c'est par le toucher, c'est par l'ouïe, dit Platon, qu'il faut débuter; toute autre voie est impraticable. » Mais le rôle de la sensation se borne à éveiller, à provoquer la *pensée* (νόησις). Parmi les perceptions, dit Platon, les unes n'invitent point l'entendement à la réflexion, parce que les sens en sont juges compétents; les autres sont très-propres à l'y inviter, parce que les sens n'en sauraient porter un jugement sain. « J'entends comme n'invitant point l'entendement à la réflexion tout ce qui n'excite point en même temps deux sensations contraires, et je tiens comme invitant à la réflexion tout ce qui fait naître deux sensations opposées. Voilà trois doigts, le petit, le suivant et celui du milieu. Chacun nous paraît également un doigt; peu importe à cet égard qu'on le voie au milieu ou à l'extrémité, blanc ou noir, gros ou menu, et ainsi du reste. Rien de tout cela n'oblige l'âme à demander à l'entendement ce que c'est précisément qu'un doigt; car jamais la vue n'a témoigné en même temps qu'un doigt fût autre chose qu'un doigt. Mais quoi? la vue juge-t-elle bien de la grandeur ou de la petitesse de ces doigts, ou de la grosseur et de la finesse, de la mollesse et de la dureté au toucher? En général, le rapport des sens sur tous ces points n'est-il pas bien défectueux? Le sens destiné à juger ce qui est dur ne peut le faire qu'après s'être préalablement appliqué à ce qui est mou, et il rapporte à l'âme que la sensation qu'elle éprouve est en même temps une sensation de dureté et de mollesse. N'est-il pas inévitable alors que l'âme soit embarrassée de ce que peut signifier une sensation qui lui dit dur, quand la même sensation dit aussi mou?... La vue aperçoit la grandeur et la petitesse comme des choses non séparées, mais confondues ensemble. Et pour éclaircir cette confusion, l'entendement, au contraire de la vue, est forcé de considérer la grandeur et la petitesse, non plus confondues, mais séparées l'une de l'autre. Voilà ce qui nous fait naître la pensée de nous demander ce que c'est que grandeur et petitesse [1]. »

Ce que l'entendement conçoit, c'est l'unité essentielle de la multiplicité dispersée dans les apparences sensibles, c'est *l'idée* générale. « Il y a, dit Platon, plusieurs choses que nous appelons *belles*, et plusieurs choses, *bonnes ;* c'est ainsi que nous désignons chacune d'elles. — Oui. — Et le principe de chacune, nous l'appelons le *beau*, le *bien ;* et nous faisons de même pour toutes les choses que nous avons considérées tout à l'heure dans leur variété, en les considérant sous un autre point de vue, dans l'unité de l'idée générale à laquelle chacune d'elles se rapporte. »

La connaissance de ces *idées* est la science véritable; elles ne sont pas, nous l'avons vu, le produit de la sensation, de l'opinion, ni de la pensée discursive; c'est par un organe spécial, l'*intuition* (νόησις), que l'âme les saisit ; connaissance immédiate, vision sans intermédiaire supérieure aux procédés multiples et mobiles du raisonnement, l'intuition est l'union intime de l'intelligence et de l'intelligible.

1. *Répub.*, livre VII.

VII

Quels sont maintenant les caractères des idées.

En premier lieu l'idée est l'unité d'une multiplicité; ainsi nous percevons un nombre indéfini de choses *belles ;* à l'occasion de ces sensations, nous concevons l'idée du *beau.* Ce n'est pas à dire pour cela que l'idée soit un simple résumé de sensations semblables; toute collection de sensations est finie; en admettant que nous pussions concentrer dans une seule expression le souvenir de toutes les sensations passées, nous ne pourrions y faire tenir les sensations futures; si longue qu'on la suppose, notre expérience est toujours limitée dans le temps. L'idée, au contraire, si l'on en considère l'extension, la quantité, est infinie; supérieure au temps, elle convient à une pluralité indéfinie d'objets passés, présents et futurs. L'idée du triangle, par exemple, ne convient-elle pas à tous les triangles possibles? Le beau ne peut-il pas s'affirmer de toutes les choses belles, abstraction faite de toutes les conditions relatives au temps, le laid de toutes les choses laides? L'idée générale est donc supérieure au passé, au présent et à l'avenir; tandis que la sensation est toujours limitée dans un lieu de l'espace et dans un instant du temps, la notion générale échappe à cette double condition; l'extension en est sans limites; elle renferme donc un élément, la généralité elle même, qui ne saurait sortir de la sensation.

En second lieu, si nous considérons ces notions sous le rapport de la qualité, nous verrons apparaître en elles un nouvel élément que la sensation est encore impuissante à fournir. Les sens nous montrent toujours les contraires unis dans un même objet sensible; leur rôle est de servir de moyen terme entre ces deux qualités opposées; il existe par exemple une double échelle de degrés de chaleur et de froid, dans laquelle toute température donnée peut être considérée comme un degré de froid plus faible à mesure qu'on monte, et comme un degré de chaud plus faible à mesure qu'on descend; sentir une chose, c'est prononcer, sans s'en rendre compte, quel degré de qualités contraires elle renferme. La sensation n'est donc jamais *pure;* elle dit tout ensemble chaud et froid, blanc et noir, grand et petit; elle est un mélange de qualités contraires.

Toute autre est l'idée. C'est l'imperfection de la sensation qui nous oblige à discerner les contraires, à dédoubler cette opposition de qualités que renferme toute chose sensible, à isoler l'une de l'autre ces qualités que la sensation mêle et confond. La notion a donc pour nouveau caractère la *pureté* sans mélange; elle possède cette perfection d'une qualité qui exclut radicalement son contraire; la grandeur parfaite, la grandeur en soi n'admet aucun mélange de petitesse; la petitesse aucun mélange de grandeur; le cercle véritable ne peut avoir en lui-même, ni en petite ni en grande quantité, rien de contraire à sa nature; la vraie beauté, la vraie justice excluent toute qualité contraire, et ne sont pas comme les objets beaux, comme les êtres justes, un mélange de beauté et de laideur, de justice et d'injustice. La notion générale renferme donc un second élément, la pureté, la perfection, qui ne saurait sortir de la sensation.

Puisque les éléments essentiels des idées, l'universalité et la pureté, sont étrangers à la sensation, les idées sont supérieures et extérieures aux choses sensibles; elles constituent ce monde intelligible auquel la dialectique nous élève, seule réalité véritable, seul objet de la science.

Les sensations ne sont donc pas la connaissance; elles

ne nous apprennent rien que de relatif, puisque la même chose nous semble grande et petite, belle et laide sous le même point de vue; mais ce relatif suppose un absolu; cet absolu, ce sont les *idées* générales, fixes, immuables, ayant leur essence propre, déterminées en elles-mêmes. Pour la même raison, les choses sensibles ne sont que des apparences de réalité; la réalité véritable, ce sont les *idées* universelles et parfaites. Ainsi la dialectique dégage du monde sensible tout un monde intelligible, les idées, unités absolues de multiplicités relatives, types parfaits de mélanges impurs de qualités contraires. Ce qui est vrai, ce qui est réel, ce ne sont pas les individus, ombres vaines d'une réalité que le sage seul contemple; ce sont les espèces, les genres, qui ont pour caractères l'universalité et la perfection absolues. On ne peut donc concevoir les choses sous le point de vue de la multiplicité et de l'imperfection; il faut que l'esprit résolve cette contrariété dans l'unité, qu'il fasse de *plusieurs un;* autrement il restera toujours les yeux fixés sur les ombres de la caverne, et ne contemplera jamais ce monde intelligible qui seul possède la plénitude de l'existence.

VIII

Avant Platon, les Pythagoriciens avaient résolu la multiplicité sensible dans l'unité intelligible du nombre. Nourris dans les mathématiques, et partis de cette observation que les phénomènes naturels sont le plus souvent réductibles à des nombres, ils crurent que les principes des choses sont les nombres, et que les principes des nombres, le pair et l'impair, sont les premiers principes des choses. Faisaient-ils des nombres les modèles ou les éléments constitutifs des choses? Un moderne historien de la philosophie, Ritter, a dit : « La science des nombres est chez eux un moyen de représentation des idées, dont ils usaient de préférence, sauf, en s'abandonnant à cette prédilection, à employer un grand nombre de comparaisons détournées et de preuves défectueuses, pour confirmer leur opinion [1]. » Mais si l'on s'en rapporte au témoignage d'un historien ancien de la philosophie, Aristote, les nombres étaient pour eux les choses mêmes : « Les pythagoriciens, dit-il, n'admettent qu'une seule espèce de nombre, le nombre mathématique ; mais ils en font l'élément même de la substance sensible, et ne l'en séparent pas, car ils forment de nombres le ciel entier [2]. » L'étude des fragments de Philolaüs conduit à la même conclusion. Pour les pythagoriciens donc, comme pour Platon, les choses sensibles, soumises à un perpétuel devenir, sont des apparences, et la réalité véritable réside dans un monde intelligible saisi par le seul entendement.

Est-ce à dire que le monde intelligible de Platon soit identique à celui des pythagoriciens, que les *Idées* soient des *Nombres?* Il est incontestable que l'Idée comme le Nombre est l'unité d'une pluralité par elle-même indéterminée, que Platon n'est étranger à aucune des théories mathématiques connues de son temps, que parfois il renouvelle quelques-uns des symboles numériques de l'école italique; il est incontestable aussi que les considérations mathématiques envahirent peu à peu la philosophie platonicienne, ce qui justifie ce mot d'Aristote : « Aujourd'hui les mathématiques sont toute la philosophie. » Mais il est non moins incontestable qu'au-dessus du monde intelligible des nombres Platon plaçait un monde plus intelligible encore, celui des

1. *Hist. de la phil. anc.*, t. I. 2. *Met.*, livre I, chap. V.

Idées. Il suffirait, pour le prouver, du témoignage du seul Aristote : « Entre les choses sensibles et les Idées, Platon, dit-il, plaçait les nombres mathématiques, qui diffèrent des choses sensibles parce qu'ils sont éternels et immobiles, mais qui diffèrent aussi des idées, parce que le nombre est une pluralité d'éléments identiques, tandis que l'idée est une en elle-même [1]. » Ce serait en effet se méprendre sur la pensée de Platon que d'assimiler l'idée au nombre; soit un nombre, le nombre trois, par exemple; c'est l'unité d'une pluralité; mais cette pluralité est la répétition d'un même élément, l'unité; et ainsi de tous les nombres. L'idée est aussi l'unité d'une pluralité par elle-même indéterminée; considérée sous le rapport de l'extension, elle embrasse un nombre indéfini d'individus semblables; mais elle contient un élément étranger à tout nombre, la qualité. D'ailleurs les nombres ne se suffisent pas par eux-mêmes; chacun d'eux, outre les éléments homogènes qu'il contient et qui se retrouvent en quantité variable dans tous les autres, a ses propriétés spécifiques; outre le principe de quantité, tout nombre suppose donc un principe de qualité duquel il reçoit sa détermination spécifique. Aussi Platon était-il conduit à poser au-dessus des nombres mathématiques les nombres idéaux, seuls vrais (ἀριθμὸι ἀληθίνοι). Par conséquent, loin d'être identique au monde des idées, le monde des nombres s'évanouirait sans ce dernier.

Nous n'avons pas à juger la valeur d'une telle théorie; les propriétés spécifiques des nombres résultent de la loi de combinaison commune à tous et non d'un principe extérieur au nombre lui-même; mais Platon l'entendait autrement; de même qu'il déclarait le raisonne-

1. *Met.*, livre I, chap. VI.

ment discursif des géomètres impuissant à atteindre les principes vrais de la connaissance et des êtres, de même il subordonnait le monde numérique, rêvé par les pythagoriciens, au monde des idées; toute méprise est impossible si l'on consulte les textes mêmes de Platon; il y est maintes fois question d'un nombre supérieur au nombre mathématique proprement dit; c'est l'*idée-nombre*, le *nombre idéal*, le *nombre intelligible*. (Ἡ ἰδεά ἀριθμός, εἰδητικὸς ἀριθμός, οἱ ἐν τοῖς εἴδεσιν ἀριθμοί, νοητὸς ἀριθμός.) Ces idées des nombres font partie du monde universel des idées. Comment en serait-il autrement? Les nombres eux-mêmes sont une pluralité, et il y a idée de tout ce que nous pouvons réunir sous l'unité. La confusion du platonisme et du pythagorisme est donc une erreur. Que plus tard, quand la grande âme de Platon se fut retirée de ce monde qu'elle vivifiait, les disciples du maître, gardiens infidèles de sa pensée, firent retour à la pure doctrine des nombres, personne ne le conteste; mais le maître les eût désavoués.

IX

Ce monde intelligible, aussi supérieur au monde sensible que la réalité l'est à l'apparence, nous l'avons autrefois contemplé face à face, avant que l'âme fût enfermée dans la prison du corps. Ici commence la théorie de la *Réminiscence*. Aucune de ses théories partielles n'a été exposée par Platon d'une façon plus variée et plus complète; dans le *Phèdre*, elle se présente sous la forme d'un mythe; dans le *Ménon*, sous la forme d'un jeu d'esprit; dans le *Phédon*, elle a un aspect plus philosophique et un sens plus profond.

C'était un axiome pour les anciens que rien ne vient

de rien. Cet axiome est invoqué par Platon dans le *Phédon*. Rien ne naît de rien; la vie présente n'est pas le commencement de notre existence; la naissance d'un homme n'est pas un début à la vie, avant cette existence nous vivions d'une vie céleste et presque divine; l'âme est aujourd'hui emprisonnée dans un corps, elle était libre alors; elle vit aujourd'hui au milieu des ombres de la *caverne*, elle vivait alors dans un monde éclatant de lumière et plein de réalité. Dans l'Empyrée, les onze grands dieux, emportés par des coursiers d'origine divine, parcourent le cercle de l'univers et contemplent les essences éternelles, le bien, le beau, le juste, le vrai, l'un, etc. Les âmes humaines, libres de corps, faisaient cortége aux dieux. Chaque âme était portée sur un char conduit par un cocher — symbole de la *raison* (νοῦς), — et attelé d'un noble coursier — le *cœur* (θυμός), — et d'un cheval rebelle au frein, — la *passion* (ἐπιθυμία). Ainsi portée, l'âme contemplait les essences de plus loin et plus imparfaitement que les dieux. Le noble coursier allait où la raison voulait le conduire; mais l'autre se révoltait à chaque instant et se précipitait vers de basses amours, si bien qu'un jour le char a été brisé, et l'âme précipitée dans l'abîme. Dans cette chute elle a perdu ses ailes, et, tombée sur la terre, elle a été emprisonnée dans un corps. Mais parfois elle revoit les essences, sans couleur, sans forme, impalpables, que son guide avait contemplées dans le séjour de la science parfaite qui embrasse la vérité tout entière. Elle croit alors acquérir la science; mais elle ne fait que la reconquérir après l'avoir perdue; toute science est une *réminiscence*.

Voilà le mythe. Voici maintenant la doctrine dépouillée de toute allégorie. « Nous convenons tous que pour se ressouvenir il faut avoir su auparavant la chose dont on se ressouvient. Nous convenons aussi que lorsque la science vient d'une certaine manière, c'est une réminiscence... En voyant un cheval ou une lyre en peinture, ne peut-on pas se ressouvenir d'un homme? Et en voyant le portrait de Simmias, ne peut-on pas se ressouvenir de Cébès? A plus forte raison, en voyant le portrait de Simmias se ressouvient-on de Simmias lui-même. Ne voit-on pas d'après cela que la réminiscence se fait tantôt par les choses semblables, tantôt par les choses dissemblables? Mais quand on se ressouvient de quelque chose par la ressemblance, n'arrive-t-il pas nécessairement que l'esprit voit tout d'un coup s'il manque quelque chose au portrait pour la parfaite ressemblance avec l'original dont il se souvient, ou s'il n'y manque rien du tout?... Prends donc bien garde si la chose te paraîtra comme à moi. N'appelons-nous pas quelque chose égalité? Je ne parle pas de l'égalité qui se trouve entre un arbre et un autre arbre, entre une pierre et une autre pierre, et entre plusieurs autres choses semblables. Je parle d'une égalité en dehors de tout cela... Les choses égales paraissent quelquefois inégales; mais en soi, l'égalité te paraît-elle inégalité? — Jamais, Socrate. — L'égalité et ce qui est égal ne sont donc pas la même chose... Nous convenons que lorsque quelqu'un, en voyant une chose, pense que cette chose-là, comme celle que je vois présentement devant moi, peut être égale à une autre, mais qu'il s'en manque beaucoup, et qu'elle ne peut lui être parfaitement conforme, et lui reste inférieure, il faut nécessairement que celui qui a cette pensée ait vu et connu auparavant cette chose à laquelle il dit que celle-là ressemble, et à laquelle il assure qu'elle ne ressemble qu'imparfaitement. — Cela est d'une nécessité absolue. — La même chose ne nous arrive-t-elle pas aussi à nous sur les choses égales, quand nous voulons les comparer avec l'égalité? — Assurément, Socrate. — *Il faut donc de toute nécessité que nous ayons vu cette égalité, même avant le temps où en voyant pour la première fois des choses égales, nous avons pensé qu'elles tendent toutes à être égales comme l'égalité même et qu'elles ne peuvent y parvenir.* Mais nous convenons encore que nous n'avons tiré cette pensée et qu'il est impossible de l'avoir d'ailleurs que de quelqu'un de nos sens, pour avoir vu ou touché; ou enfin pour avoir exercé quelque autre de nos sens; car je dis la même chose de tous... Or, avant que nous ayons commencé à voir, à entendre et à faire usage de nos autres sens, il faut que nous ayons eu conscience de cette égalité intelligible pour lui comparer, comme nous faisons, les choses sensibles égales... Mais n'est-il pas vrai que d'abord après notre naissance nous avons vu, entendu? — Il faut donc qu'avant ce temps-là, c'est-à-dire avant notre naissance, nous ayons eu connaissance de l'égalité... Que si, après avoir eu ces connaissances avant de naître et les avoir perdues après être né, nous venons ensuite à rapprendre cette science antérieure, en nous servant du ministère de nos sens, ce que nous appelons apprendre, n'est-ce pas ressaisir la science que nous avions, et n'aurons-nous pas raison d'appeler cela se ressouvenir[1]? »

Résumons cette doctrine en quelques mots : la sensation est l'occasion et non pas la cause des idées générales; la connaissance est une vision sans intermédiaire de la beauté, de la justice, de l'unité et de toutes les essences; au-dessus des procédés ondoyants et divers de la logique se trouve l'*intuition* immédiate de la vérité, de la réalité. L'*intuition* est l'origine de cette science

1. *Phédon.*

que nous avons vainement demandée à la sensation et au travail logique de l'esprit sur la sensation ; c'est par une intuition directe que l'entendement, cette partie divine de l'âme, saisit la vérité éternelle, immuable, pure, supérieure à la sensation passagère, mouvante et imparfaite.

Ainsi, en nous abandonnant au courant de la dialectique, nous sommes portés vers un monde distinct du monde sensible, où la contrariété, la multiplicité s'évanouissent au sein des essences unes, absolues et pures. Ce monde-là, c'est le seul monde réel ; c'est le véritable objet de la science ; le monde sensible n'en est qu'une image imparfaite, une ombre mobile et fugitive.

La dialectique nous pousse encore plus loin.

X

Le monde sensible se résout en éléments idéaux ; mais ces idées elles-mêmes, bien que chacune d'elles soit l'unité d'une multiplicité, ne se résolvent-elles pas aussi en éléments plus généraux encore? Nous nous sommes élevés à la considération des *idées* en faisant de *plusieurs un ;* ne devons-nous pas réduire cette multiplicité d'*idées* à l'unité? En posant les idées en dehors des choses, nous avons déterminé les principes des choses sensibles ; ne devons-nous pas chercher maintenant les principes des idées? L'impulsion de la dialectique à laquelle nous avons obéi jusqu'à ce moment nous y pousse invinciblement.

Quels sont donc les principes des idées? Pour répondre à cette question, il nous faut considérer le rôle des idées. — L'idée est d'abord un principe d'unité. « Il faut, dit Platon, réunir sous une seule idée toutes les choses particulières, éparses de côté et d'autre, afin de bien faire comprendre par une définition précise le sujet qu'on veut traiter. » « Nous avons coutume, dit-il encore, de poser une idée distincte pour chacune des multitudes auxquelles nous donnons le même nom. » « La dialectique sait démêler comme il faut l'idée une, répandue tout entière dans une multitude d'individus dont chacun existe séparément. » De ces textes que nous pourrions multiplier, il résulte que l'idée est un principe d'unité.

Elle est aussi un principe de distinction; en même temps qu'elle unit les êtres, elle les différencie. Dans le fond positif de l'idée se trouve toujours comprise quelque possibilité de négation et de multiplicité qui devient un principe de distinction. Une négation, en effet, ne signifie pas le contraire, mais seulement quelque chose de différent des qualités niées du sujet. Ainsi, dire qu'une chose n'est pas grande, ce n'est pas dire qu'elle est petite; elle peut être d'une grandeur moyenne.

L'idée réunit donc l'unité et la pluralité. « Les anciens, qui valaient mieux que nous et qui étaient plus près des dieux, dit Platon, nous ont transmis cette tradition que toutes les choses auxquelles on attribue une existence éternelle sont composées d'*un et de plusieurs*, et réunissent en elles, par une unité naturelle, le fini déterminé et l'indétermination. »

Le fini ou l'unité, l'indétermination ou la multiplicité, voilà les deux principes des idées. « Platon, dit Aristote, posa comme principes des idées l'*unité* et la *dyade indéfinie*, de laquelle sortent toutes les idées comme d'une matière [1]. » Si chaque idée présente à la fois unité et multiplicité, elle se résout nécessairement en deux

1. *Met.*, livre I, chap. VI.

éléments : l'*un* absolu et le *multiple* indéterminé; ce multiple c'est ce qu'Aristote appelle la dyade indéfinie. Cette dyade indéfinie, principe d'indétermination, est une sorte de matière métaphysique qui ne possède actuellement aucune qualité, mais qui renferme virtuellement toutes les qualités opposées; l'unité, en s'y appliquant, en détermine, en fixe une certaine portion, et voilà l'idée, une et multiple tout à la fois.

Platon ne parle nulle part de l'unité et de la dyade indéfinie dont Aristote lui attribue l'invention; mais dans le *Philèbe*, et en particulier dans le *Sophiste*, il nous entretient longuement des éléments des choses. Dans le *Sophiste*, l'*être* résulte de quatre éléments, le *même* et l'*autre*, le *repos* et le *mouvement*. Le *mouvement*, c'est le changement perpétuel, la mobilité incessante, l'indétermination complète; c'est en dernière analyse un nom nouveau de cette matière métaphysique dont nous parlions tout à l'heure. Le *repos*, au contraire, c'est la fixité, l'immobilité, la détermination, en un mot l'unité; les êtres naissent quand le *repos* s'applique sur le *mouvement;* alors l'indétermination se détermine, la mobilité se fixe, la multiplicité revêt la forme de l'unité, et de là résultent les essences, une et multiples tout à la fois. Le *même* et l'*autre*, placés par Platon au nombre des principes de l'être, ne sont que des noms nouveaux des principes ci-dessus désignés, ou le nom de leurs effets immédiats : le *même*, c'est l'identification de deux idées contraires, c'est-à-dire de l'unité et de la multiplicité; l'*autre*, c'est la dissociation de ce qui s'était uni dans le *même;* quand le *repos* s'unit au *mouvement*, c'est-à-dire quand l'unité pénètre la multiplicité indéterminée, la détermine et la fixe, le *même*, ou l'identification de l'un et du multiple domine; quand ces deux principes se séparent, se dissocient, l'*autre*, ou la dissociation, l'indétermination a le dessus. Les quatre principes mentionnés dans le *Sophiste* se réduisent donc à deux : un principe d'unité ou de détermination, et un principe de multiplicité ou d'indétermination, qui en s'unissant donnent naissance à l'*un-multiple*.

XI

Le platonisme semble donc se résoudre en un dualisme irréductible. S'il en est ainsi, Aristote n'avait-il pas raison de demander comment et pourquoi l'Un s'unit à la Dyade indéfinie, qui donne l'impulsion au principe de détermination?

Mais nous n'avons pas épuisé la pensée intime du platonisme. Dans le *Philèbe*, Platon nous parle de trois principes des idées : le πέρας et l'ἄπειρον, le *fini* et l'*infini*, et l'αἴτιον, la *cause*. Le fini, c'est l'*unité*; l'infini, la *dyade indéfinie* dont parle Aristote; de l'union de ces deux principes résultent les réalités; mais il est une *cause* supérieure à l'unité et à la multiplicité, qui semble le principe de leur union. Dans le passage du *Philèbe* auquel nous faisons allusion, Platon la nomme seulement; essayons d'en déterminer la nature. Abandonnons-nous encore à la dialectique, qui nous pousse sans cesse vers l'unité; non-seulement nous répondrons ainsi à la question qui vient d'être posée, mais nous résoudrons en même temps le problème si obscur de la participation des idées entre elles.

Voici, d'après M. Fouillée, le plus récent et le plus remarquable interprète de Platon, les rapports d'union qui peuvent exister entre les idées.

« 1° Deux idées différentes, et même contraires, peu-
» vent coexister dans un même objet qui participe de

» l'une et de l'autre. Il n'y aurait rien de surprenant à
» ce que l'on démontrât que moi je suis à la fois un et
» multiple. Pour prouver que je suis multiple, il suffi-
» rait de montrer que la partie de ma personne qui est
» à droite diffère de celle qui est à gauche, et pour
» prouver que je suis un, on dirait que, des sept hommes
» qui sont ici présents, j'en suis un, de sorte que je
» participe aussi de l'unité.

» Cette coexistence des contraires dans un même
» sujet n'est encore qu'un rapport tout extrinsèque. Voici
» des rapports plus intimes entre les idées.

» 2° Les idées qui ne se contredisent pas peuvent
» communiquer entre elles. En soi l'homme est
» l'homme, et le bon est le bon. Mais l'homme peut
» être bon sans cesser d'être homme, sans devenir son
» contraire à lui-même, sans perdre son essence propre.
» L'*humanité* et la *bonté* peuvent donc s'allier l'une à
» l'autre.

» 3° Il peut y avoir entre les contraires mêmes une
» certaine participation. Il y a pour Platon deux sortes
» de contraires, les uns relatifs, les autres absolus. L'être,
» par exemple, a un contraire relatif qui est le non-être;
» la *grandeur* a de même un contraire relatif qui est
» le *non grand;* et le non grand ne désigne pas plus le
» petit que le moyen; ce n'est donc pas une expression
» absolue. Il en est ainsi du non beau, du non juste, etc.
» De même le multiple ou le non un n'est pas, à parler
» rigoureusement, le contraire de l'un. L'un n'admet pas
» en lui-même sa négation absolue, qu'on pourrait ap-
» peler la multiplicité absolue, évidemment exclusive de
» l'unité. Mais il peut admettre en lui-même une mul-
» tiplicité relative qui n'exclut pas l'unité, qui en diffère
» seulement sans la détruire. L'être lui-même admet le
» non-être, et nous savons qu'il ne s'agit pas de l'absolu

» néant, chose exclusive parce qu'elle est absolue, mais » d'une négation relative qui se concilie avec l'être. Le » non-être résulte de la distinction des idées. Considérez » une idée quelconque dans son rapport avec les autres; » ce qu'elle *est* est *non-être* par rapport à ce que les » autres sont, — et réciproquement les autres idées » sont non-être par rapport à ce qu'est la première. » Sous le non-être il y a donc toujours de l'être; mais » ce mot désigne des déterminations de l'être autres que » celle qu'on considère spécialement.

» En résumé, le rapport des idées entre elles consiste » dans des relations de contrariété ou de différence » *formelle* quand on les compare une à une, et d'unité » *substantielle* quand on les embrasse dans leur en- » semble [1]. » C'est cette multiplicité et cette unité constitutives des idées qu'il s'agit maintenant de réduire à l'unité.

Le dualisme de l'unité et de la dyade indéfinie est-il absolu? affirme-t-il la coexistence de deux êtres éternels? Non, puisque la dyade indéfinie, étant absolument indéterminée par elle-même, est le non-être. L'un des deux termes de ce dualisme apparent est donc seul réel, l'autre est abstrait. Par la même raison, l'unité ne peut pas être indéterminée, sous peine de devenir aussi un pur néant. L'unité est donc absolument déterminée en elle-même, et c'est dans cette détermination complète que se trouve la raison de toutes choses; tout est en elle et par elle; rien n'est en dehors d'elle et sans elle. Veut-on dire par là qu'elle est toute chose? Oui et non tout à la fois; non, car l'universel est distinct du particulier qu'il domine; oui, car sans l'universel le particulier ne serait rien. « L'unité, dit Platon, diffère de tout et

1. *La Phil. de Platon*, livre V, chap. I.

ne diffère de rien. » Supérieure à la diversité, elle l'engendre; en elle sont contenues toutes les déterminations et conciliés les contraires, car un contraire n'est que le complément et non la négation de son contraire. Au sein de l'unité absolue, il y a donc fusion et distinction universelle.

L'unité et la dyade indéfinie dont parle Aristote ne sont donc que l'abstraction du contenu de l'unité absolue. Aristote admettait quatre principes des choses : la matière, la forme, le moteur et la fin ; dans une revue rapide des systèmes de ses devanciers, il se demande quel usage a été fait avant lui de ces quatre principes; Platon n'en connut que deux, dit-il, la matière et la forme; la matière, c'est la dyade indéfinie, double échelle indéterminée des contraires; la forme, c'est l'unité; mais quelle est cette unité, qui, en s'appliquant sur la matière indéterminée, la fixe et la détermine? Telle qu'Aristote nous la présente, elle est aussi indéterminée que la dyade elle-même. Comment l'indéterminé, en s'appliquant sur l'indéterminé, peut-il engendrer le déterminé? Comment l'abstrait, en s'unissant à l'abstrait, peut-il produire le concret, la réalité? Aristote a donc séparé ce qui, dans la pensée de Platon, est intimement uni; faites rentrer la dyade indéfinie dans l'unité, et il en résultera cette unité absolue, complétement déterminée en elle-même, comprenant en elle tous les contraires, à la fois principe d'unité et de diversité, une et multiple tout ensemble. Cette dyade indéfinie qu'Aristote place ainsi en dehors de l'unité, c'est simplement la possibilité abstraite de la détermination progressive pour l'esprit de l'unité absolue.

Cette unité absolue, les critiques ont voulu souvent en faire, d'après Aristote, le plus général, et par suite le plus vide, le moins réel de tous les genres. Il est incontestable que si l'on considère les idées au point de vue de la généralité logique, la dialectique, en nous élevant des individus aux espèces, des espèces aux genres, de ces genres à des genres plus étendus, jusqu'à celui qui domine tous les autres de son universelle étendue, on s'élève graduellement vers la plus abstraite des généralités, l'être indéterminé; on dépouille le monde de l'existence réelle pour le réduire aux formes logiques de l'existence; on substitue aux principes et aux causes efficaces des cadres vides, des formes sans substance, fantômes de l'entendement que l'imagination seule peut douer d'une réalité factice. Voilà ce que dirait un penseur moderne; mais Platon l'entendait autrement; la généralité n'était pas à ses yeux l'unique caractère des idées; un autre caractère non moins essentiel de ces principes, c'est la perfection. Aussi croyait-il, en s'élevant d'idée en idée, jusqu'à l'idée suprême, jusqu'à l'unité absolue, s'élever de perfection en perfection, non moins que de généralité en généralité; à mesure que l'extension augmente, pourrait-on dire, en traduisant sa pensée en langage plus moderne, la compréhension s'enrichit; on arrive enfin, de progrès en progrès, à l'idée la plus vaste en extension et la plus riche en compréhension, qui ne suppose rien après elle, et qui, unissant dans son sein la multiplicité et l'unité, renferme en les conciliant tous les contraires.

XII

Ce principe inconditionnel et se suffisant à lui-même, c'est le Bien. « Mais quoi, dit Platon dans le *Philèbe*, ce qui se suffit à soi-même n'est-il pas le bien? — Comment en serait-il autrement? C'est là le caractère distinctif du bien par rapport à toutes les autres choses. » Et dans la

République, il déclare formellement que le principe pur de toute hypothèse, auquel il faut s'élever pour posséder la science pleine et entière, c'est l'idée du Bien.

Le Bien de Platon n'est donc pas, comme on l'a prétendu quelquefois, l'unité vide et immobile de Parménide : il possède au contraire la plénitude de l'existence. « L'organe de l'intelligence, dit Platon, doit se tourner avec l'âme tout entière de la vue de ce qui *naît* vers la contemplation de ce qui *est* et de ce qu'il y a de plus lumineux dans l'être ; et cela nous l'avons appelé le Bien, il s'agit donc d'imprimer à l'âme un mouvement qui, du jour ténébreux qui l'environne, l'élève jusqu'à la vraie lumière de l'*être.* » Et ailleurs : « Il faut voir si la géométrie et le calcul tendent à notre grand but, je veux dire à rendre plus facile la contemplation du Bien. Car c'est là, disons-nous, que vont aboutir toutes les sciences qui obligent l'âme à se tourner vers le lieu où est cet *être*, le plus heureux de tous les êtres, que l'âme doit contempler de toute manière [1]. »

Cet être plein et parfait est aussi le principe de toute connaissance. De même que dans le monde visible, tout, sans la lumière du soleil, serait plongé dans les ténèbres, de même dans le monde intelligible, tout serait obscur sans le sublime éclat du Bien. « Tiens pour certain, dit Platon dans la *République*, que ce qui répand sur les objets de la connaissance la lumière de la vérité, ce qui donne à l'âme qui connaît la faculté de connaître, c'est l'idée du Bien. Considère cette idée comme le *principe de la science et de la vérité*, en tant qu'elle tombe sous la connaissance ; et quelque belles que soient la science et la vérité, tu ne te tromperas pas en pensant que l'idée du bien en est distincte, et

1. *Répub.*, livre VII.

les surpasse en beauté... Aux dernières limites du monde intelligible est l'idée du Bien qu'on aperçoit avec peine, mais qu'on ne peut apercevoir sans conclure qu'elle est la cause de tout ce qu'il y a de *beau* et de *bon ;* que dans le monde visible elle produit la lumière et l'astre de qui elle vient directement; que dans le monde invisible, c'est elle qui produit directement la *vérité* et l'*intelligence.* »

Mais il résulte de là que le Bien, supérieur à l'intelligence, échappe à la définition; nous ne pouvons en déterminer la compréhension, puisque cette compréhension est supérieure à toute essence, à toute pensée; pour embrasser complétement le Bien, il faudrait être le Bien lui-même. L'absolu déterminé ne se laisse donc pas saisir sous une seule idée; mais, impuissants à le définir, nous pouvons le décrire; il renferme virtuellement en lui-même une infinité de perfections auxquelles peuvent correspondre des déterminations distinctes; nous l'exprimerons donc non pas par une détermination unique, mais par une série de déterminations successives. « Si nous ne pouvons saisir le Bien, dit Platon dans le *Philèbe*, sous une seule idée, saisissons-le sous trois idées, celles de la Beauté, de l'Ordre et de la Vérité. »

XIII

Cette unité absolue, ce Bien a sa raison d'être dans sa perfection même; le parfait existe parce qu'il est le parfait; mais le monde multiple et imparfait, comment existe-t-il? Ici commence la dialectique descendante. Platon fait à la question que nous venons de poser deux réponses différentes, l'une allégorique, l'autre philosophique. La première est contenue dans le *Timée*.

Le monde intelligible existe; le monde sensible existe aussi; il semble que cette dernière affirmation soit en contradiction avec la théorie des idées; partout ailleurs, en effet, Platon considère le monde sensible comme l'apparence d'une réalité réfractée indéfiniment dans le milieu de la sensation, et non comme une réalité véritable. Dans le *Timée*, le monde sensible existe; mais comme il n'a pas en lui-même la raison de son perpétuel devenir, il a hors de lui une cause et un modèle. Cette cause, c'est le démiurge divin, beau et intelligent. Puisque Dieu est l'ordonnateur du monde, puisqu'il fait le monde à son image, si une intelligence humaine s'élève à la conception de Dieu, elle assistera à la genèse universelle, elle verra jaillir de la source éternelle le torrent infini des choses. Le démiurge, qui est bon, a mis l'ordre dans la masse des choses qui s'agitaient en désordre; il a donné au monde une âme douée de raison; le monde est donc un animal vivant. Les quatre éléments, terre, feu, air et eau, constituent le corps de l'animal universel, à la forme sphérique, au mouvement circulaire; l'âme de l'univers est au centre et à la périphérie du monde; elle est contenue en lui, et elle en contient les parties formées de trois éléments, l'élément éternel ou un, l'élément divisible et multiple, et l'élément mixte, qui tient de la nature des deux autres; elle est une cependant, car en elle tout est harmonieux.

Le monde une fois né, apparaissent les astres, ou dieux créés, qui ont pour fonction d'achever l'œuvre du dieu suprême, en mesurant le temps, les jours, les nuits, les mois et les années; il produisent les animaux du ciel, des eaux et de la terre, et parmi eux, l'homme, le plus noble de tous. — Au-dessous de la cause sage et bonne qui a tout organisé en vue du bien règne l'aveugle et violente nécessité. C'est d'elle que résultent le froid et la chaleur, la légèreté et la pesanteur, la douleur, le plaisir, en un mot toutes les qualités sensibles.

On le voit par cette rapide analyse, Dieu ne crée pas la matière, il ne la tire pas non plus de lui ; il ne fait que la façonner. La doctrine du *Timée* n'est donc ni le système de la création, ni le panthéisme ; c'est le dualisme. Mais de même que la dialectique ne nous a pas permis de demeurer en face de l'opposition de l'unité et de la dyade indéfinie, du *même* et de l'*autre*, de même elle nous pousse au delà du dualisme allégorique du *Timée ;* c'est dans d'autres dialogues qu'il faut chercher la pensée dernière de Platon sur l'origine du monde.

On lit au sixième livre de la *République* : « Il était bon, et celui qui est bon n'est avare d'aucun bien ; il a donc créé le monde aussi bon que possible, et pour cela il l'a fait semblable à lui. »

Écoutez le commentaire éloquent de cette parole : « Dieu est le bien, c'est-à-dire la perfection et la suprême richesse ; ivre de béatitude, il a en lui l'universalité de l'être, et il conçoit cet être et cette béatitude comme participables. Demeurera-t-il inactif et infécond ? — Celui qui est le bien même ne peut agir que conformément à sa nature ; il est nécessairement bon dans tous les sens de ce mot ; bon, parce qu'il possède le bien ; bon, parce qu'il répand le bien. Pourquoi donc Dieu ne produirait-il pas ? Y a-t-il au dehors de lui quelque obstacle qui s'oppose au libre développement de sa nature, comme il y a au dehors de nous des obstacles qui nous rendent impuissants et stériles, avant que nous ayons atteint un certain degré de perfection ? Dieu est la perfection même, et sa nature est à jamais accomplie. Pourquoi donc encore une fois ne produirait-il pas ? est-il jaloux du bien qu'il possède et veut-il le renfermer en lui-même, sans accorder jamais à la pauvreté et à l'imperfection un regard de pitié et d'amour? Pensée impie, qui prête à Dieu la stérilité et l'égoïsme de l'homme méchant! Non, Dieu, qui est le bien, et qui est bon en lui-même, est bon pour les autres êtres qu'il conçoit éternellement comme possibles, et comme pouvant être bons à son image. Alors s'accomplit en Dieu ce mystère de l'amour dont nous voyons en nous-mêmes l'imitation imparfaite. L'être souverainement bon et beau conçoit un modèle de bonté et de beauté qui est le *vivant intelligible*, identique à lui-même, et il produit dans la beauté une œuvre belle et bonne, image mobile de son immobile perfection. Ainsi dans le *Père* qui engendre le monde, comme dans l'homme, l'amour conserve son essence; il est la production du bien dans le bien, par le bien lui-même [1]. »

XIV

Ce Dieu qui a produit le monde par un acte libre d'amour, le conserve; puisqu'il a fait le monde, c'est qu'il a trouvé son œuvre bonne; le détruire, ce serait se contredire soi-même. Aussi le monde persiste-t-il dans le temps, *image mobile de l'éternité immobile*. Il est donc faux de dire « que Dieu méprise les choses humaines et ne daigne pas s'en occuper ». « Les soins des dieux ne s'étendent pas moins aux plus petites choses qu'aux plus grandes... Il est plus difficile de voir les petits objets, d'entendre les petits sons que les grands. D'ailleurs, ceux qui sont chargés d'une administration quelconque ne sauraient négliger les objets qui sont petits et en petit nombre, sans faire tort aux plus importants; car, comme

1. Fouillé, *la Phil. de Platon*, livre X, chap. I.

disent les architectes, les grandes pierres ne s'arrangent jamais bien sans les petites. Ne faisons donc pas cette injure à Dieu de le mettre au-dessous des ouvriers mortels, et tandis que ceux-ci, à proportion qu'ils excellent dans leur art, s'appliquent aussi davantage à finir et à perfectionner, par les seuls moyens de cet art, toutes les parties de leurs ouvrages, ne disons pas que Dieu, qui est très-sage, qui veut et peut prendre soin de tout, néglige les petites choses auxquelles il lui est plus aisé de pourvoir, comme pourrait faire un ouvrier indolent et lâche, rebuté par le travail, et qui ne donne son attention qu'aux plus grandes. »

Ce monde, œuvre de la bonté absolue, est donc le meilleur possible; on ne comprend pas que le bien, produisant le monde, par un acte de libre amour, n'ait pas fait l'œuvre la meilleure. Pourtant le mal existe dans le monde. « O mon fils! dit Platon dans les *Lois*, tu crois que les dieux existent, parce qu'il y a peut-être entre leur nature et la tienne une parenté divine qui te porte à les honorer et à les reconnaître. Mais tu te jettes dans l'impiété à la vue de la prospérité qui couronne les entreprises publiques et particulières des hommes injustes et méchants, prospérité qui dans le fond n'a rien de réel, mais que l'on s'exagère contre toute raison, et que les poëtes et mille autres ont célébrée à l'envi dans leurs ouvrages. Peut-être encore qu'ayant vu des impies parvenir heureusement au terme de leur vieillesse, laissant après eux les enfants de leurs enfants dans les postes les plus honorables, ce spectacle a jeté le trouble dans ton âme. Alors, je le vois bien, ne voulant pas, à cause de cette affinité qui t'unit aux dieux, les accuser d'être les auteurs de ces désordres, mais poussé par des raisonnements insensés, comme tu ne pouvais exhaler ton indignation contre les dieux, tu en es venu à dire qu'à la vérité ils existent, mais qu'ils méprisent les affaires humaines et ne daignent pas s'en occuper. » Dieu, nous l'avons vu, est Providence. Mais alors d'où vient le mal?

Le mal absolu n'existe pas plus que le non-être absolu. Mais comme le monde n'est pas le bien, puisqu'il est l'œuvre du bien, le mal est nécessaire dans le monde. « Le mal, dit Platon dans le *Théétète*, ne peut être détruit. » Le mal prend deux formes distinctes : le mal physique ou mal du corps, et le mal moral ou mal des âmes. Le mal physique, c'est la corruption; mais de la corruption naît la vie; sans ce mouvement qui fait sortir la vie de la mort et la mort de la vie, la génération s'arrêterait dans le monde; la nature inerte, immobile ne se renouvellerait pas. C'est donc pour le plus grand bien du monde que le mal physique existe.

Le mal moral, c'est l'erreur et le vice. Il résulte de l'union passagère de l'âme immortelle avec un corps mortel. « L'âme, dit Platon, commence par être sans raison quand elle vient d'être unie à un corps; mais le calme et la régularité reparaissent en elle peu à peu, et ils rendent sage l'homme dans lequel ils se trouvent. Et si, en outre, on a reçu une bonne éducation, on devient un homme accompli, et on évite la plus grande des maladies [1]. »

Mais, dira-t-on, pourquoi le Dieu bon a-t-il ainsi uni l'âme immortelle à un corps mortel? Pourquoi l'avoir astreinte à ce contact pernicieux et corrupteur? N'eût-il pas mieux valu la laisser jouir en elle-même de sa perfection relative? — C'est que le tout ne peut être parfait si l'âme ne pénètre pas jusque dans la matière : « Celui qui prend soin de toutes choses, dit le *Timée*, les a disposées

1. *Timée*.

pour la conservation et le bien de l'ensemble... Toi-même, chétif mortel, tout petit que tu es, tu entres pour quelque chose dans l'ordre universel, et tu t'y rapportes sans cesse. Mais tu ne vois pas que toute génération se fait en vue du tout, afin qu'il vive d'une vie bienheureuse; que l'univers n'existe pas pour toi, mais que tu existes toi-même pour l'univers. Tout médecin, tout artiste habile dirige ses opérations vers un tout, et tend à la plus grande perfection du tout; il fait la partie à cause du tout et non le tout à cause de la partie; et si tu murmures, c'est faute de savoir comment ton bien propre se rapporte à la fois et à toi-même et au tout, selon les lois de l'existence universelle. »

Et d'ailleurs, ce mal n'est-il pas relatif et passager? Cette union de l'âme et du corps n'est-elle pas temporaire? Le corps meurt, et l'âme survit; le mal ne saurait la détruire. « Le mal est tout ce qui détruit et corrompt; le bien, ce qui conserve et améliore. Chaque chose a son mal et son bien; si elle est détruite, c'est par le mal et le principe de corruption qu'elle porte en elle; et si ce mal n'a pas la force de la détruire, il n'est rien qui soit capable de le faire[1]. » Or les maladies de l'âme, c'est-à-dire les vices, ne peuvent parvenir à la dissoudre; l'âme est donc immortelle. Que toute plainte contre les dieux cesse donc maintenant. Nous n'avons plus sujet de les accuser; qu'importe un mal passager si nous sommes immortels? L'immortalité absout les dieux.

1. *Répub.*, livre X.

INTRODUCTION

AU

VIIe LIVRE DE LA RÉPUBLIQUE

Pour Platon, le monde sensible n'a qu'une apparence de réalité ; le monde intelligible seul est réel. L'éducation philosophique a pour but de tourner l'âme de la vue des choses qui naissent et périssent vers la contemplation des essences éternelles et immuables. Le septième livre de la *République* est un plan raisonné des études qui opèrent progressivement cette conversion : l'arithmétique, la géométrie à deux dimensions, la géométrie à trois dimensions, l'astronomie et la dialectique. Le rapport de ce livre à la doctrine générale de Platon est apparent ; mais on peut se demander ce que vient faire un traité d'éducation philosophique au milieu d'un traité de politique. Pour répondre à cette question importante, il faut considérer l'objet du dialogue.

L'ouvrage nous est parvenu avec deux titres différents : Περί πολιτείας ou πολιτεία et Περί δικαίου. Il est vraisemblable que le premier de ces titres est de Platon ; le second est de Thrasylle, érudit du IIe siècle, qui avait distribué en tétralogies les dialogues de Platon. Chacun de ces titres a semblé à divers critiques anciens et modernes désigner l'objet principal de l'ouvrage. Les uns ont voulu que Platon se soit uniquement proposé de déterminer la nature de la justice, et ils ne voient dans les longs développements consacrés à l'organisation de la cité et à l'éducation du philosophe qu'un brillant hors-d'œuvre. D'autres soutiennent que la discussion sur la définition du juste et de l'injuste n'est qu'un prélude ou un épisode, et que l'objet véritable du traité est la description de l'État le meilleur.

Ces deux opinions extrêmes peuvent être étayées sur des raisons extrinsèques et matérielles. — La discussion s'ouvre sur la question de la justice, et cette question, abandonnée à la fin du deuxième livre, est reprise plus tard; la description de l'État est présentée comme une image agrandie de ce qu'est et de ce que doit être l'homme; elle est donc subordonnée à la question de la justice. — D'autre part, n'est-il pas singulier qu'un exemple introduit pour les besoins de la discussion, occupe la plus grande partie de l'ouvrage, et ne faut-il pas voir dans la subordination apparente du sujet principal, constitution de l'État, au sujet préliminaire, nature de la justice, un effet de l'art aux aspects variés que Platon apporte dans la composition de ses dialogues?

Pour sortir d'embarras, d'autres critiques ont cru que l'ouvrage entier résultait de la combinaison de deux traités différents, l'un moral, l'autre politique, écrits à des époques fort éloignées l'une de l'autre et plus tard réunis. Cette solution moyenne n'est pas plus acceptable que les deux solutions extrêmes. Ce n'est pas dans la distribution des matières, toujours si ondoyante chez Platon, qu'il faut chercher l'objet véritable du dialogue; c'est dans la pensée même qui en fait le fond. L'ouvrage est un; la théorie de la justice n'est pas distincte de la théorie de l'État; la morale n'est pas séparée de la politique. Nous allons le prouver en mettant en relief les principaux points de doctrine exposés dans la *République*, sans nous astreindre à l'ordre plus factice que logique d'une sèche analyse.

Platon n'isole pas la science de la morale, ni la morale de la politique; toutes les trois ont pour fonction d'établir l'unité dans des multiplicités distinctes; la science dans la multiplicité sensible et intelligible, la morale dans la multiplicité des puissances de l'âme, la politique dans la multiplicité des classes de l'État.

La science débute par les sensations, mais elle ne s'y arrête pas; au-dessus de la matière dispersée dans l'espace et dans le temps, elle établit d'abord un monde d'idées qui sont chacune l'unité d'une pluralité indéfinie de choses sensibles, et poussant la réduction jusqu'aux dernières limites, elle condense le monde intelligible lui-même dans l'unité d'une idée centrale; l'idée du Bien, cause et raison de tout le reste.

La morale est une dialectique en action. L'âme a des puissances diverses : l'homme connaît, il est irascible et il désire. Nous n'agissons donc pas par un seul et unique principe, mais par trois principes différents. Chacune de ces puissances a un but propre : la faculté par laquelle l'homme connaît tend sans cesse et tout entière à saisir la vérité partout où elle est, et elle se met peu en peine des richesses et de la gloire; elle est amie de l'instruction et de la philosophie. La seconde puissance, celle qui nous rend irascibles, nous porte sans cesse à dominer, à l'emporter sur les autres, à acquérir de la gloire; elle est ambitieuse et amie du pouvoir. La troisième enfin nous porte avec violence vers le boire, le manger, l'amour et les autres plaisirs semblables ; on peut la dire amie de l'argent, car l'argent est le moyen le plus efficace de satisfaire ces sortes de désirs[1].

L'âme est donc multiple; mais il en est de cette multiplicité intérieure comme de la multiplicité extérieure; elle suppose l'unité ; et comme le Bien est l'unité dernière à laquelle aboutit la pluralité sensible réduite à ses éléments idéaux, le Bien est l'unité de ces pouvoirs de l'âme qui deviennent promptement anarchiques s'ils ne sont pas coordonnés entre eux. Ce n'est pas là seulement une formule abstraite exigée par un besoin de symétrie artificielle entre la science et la vertu. Chaque vertu est l'accomplissement d'une fonction spéciale de l'âme : ainsi la fonction de la raison est la connaissance; la connaissance acquise ou *sagesse* en est la vertu; la fonction du cœur est l'action; le *courage* ou connaissance de ce qui est à craindre, ou de ce qui ne l'est pas, en est la vertu; la fonction du désir est la satisfaction des désirs naturels; la *tempérance* ou modération dans les plaisirs en est la

1. *Rép.*, IV.

vertu. Chaque vertu particulière est donc réalisée quand la fonction propre de chaque faculté est accomplie. A la raison il appartient de commander, car seule elle sait ce qui est bon et ce qui est mauvais; au cœur il appartient de faire exécuter les ordres de la raison, car par lui-même il est aveugle; au désir il appartient de se soumettre, car il est de sa nature aveugle et désordonné.

Ces trois vertus sont solidaires; la sagesse ne peut exister sans entraîner à sa suite le courage et la tempérance; il est impossible que la vue de la vérité n'exerce pas sur l'action une influence efficace, et quand le cœur obéit, le désir se soumet ; de même le courage suppose la sagesse et a pour conséquence la tempérance ; de même enfin la tempérance n'existerait pas si le courage n'avait dompté les rébellions du désir en obéissant aux ordres de la raison. Ainsi la vertu est l'unité intérieure, c'est-à-dire la conformité de l'âme aux idées; l'œil fixé sur l'idée suprême, l'homme de bien s'efforce de l'imiter en mettant l'unité dans les puissances diverses de son être; il est donc un artiste; la matière qu'il façonne, c'est son âme, le modèle qu'il imite, c'est l'unité de l'idée.

Cette harmonie intérieure, Platon l'appelle la *justice.* « La justice intérieure, dit-il au quatrième livre de la *République*, ne sort pas de l'individu et n'est pas autre chose que l'harmonie des facultés accomplissant chacune sa fonction propre, sans empiéter l'une sur l'autre. » La justice ne peut pas être conçue sans les autres vertus qui en sont pour ainsi dire la matière; mais les autres vertus ne peuvent subsister sans la justice, qui en est la forme commune.

De l'individu passons à la cité. Comme l'homme individuel, l'État a des fonctions diverses. Ce qui donne naissance à la société, c'est l'impuissance où chaque homme se trouve de satisfaire ses besoins différents; le besoin d'une chose engage un homme à se joindre à un autre homme; un autre besoin, à un autre homme encore; la multiplicité de ces besoins réunit bientôt plusieurs hommes; cette société est l'État. Si donc nous bâtissons un État par la pensée, nos besoins en seront les fondements.

Le premier et le plus grand de ces besoins est celui de la nourriture; le second, celui du logement; le troisième, celui du vêtement. L'État ne pourra fournir à ces besoins que s'il renferme des laboureurs, des architectes et des tisserands. Mais comme les choses ne vont bien que si chaque ouvrier se borne à son métier, le laboureur ne doit pas faire lui-même sa charrue ni ses autres instruments de travail; il en est de même de l'architecte et du tisserand. Il faut donc agrandir l'État et y faire entrer des charpentiers et des forgerons, il faut y faire entrer aussi des bergers et des pâtres pour que le laboureur ait des bœufs, l'architecte des bêtes de somme et le tisserand des laines. — Il est presque impossible à un État de trouver un lieu d'où il puisse tirer tout ce qui est nécessaire à sa subsistance. Notre État aura donc encore besoin de personnes qui aillent chercher dans les États voisins ce qui lui manque. Ces envoyés reviendront sans avoir rien reçu s'ils ne portent rien en échange de ce qu'ils demandent; l'État devra donc travailler non-seulement pour lui, mais encore pour les États voisins; il lui faudra donc augmenter le nombre de ses laboureurs et de ses ouvriers. Si l'échange de ces produits contre les produits étrangers se fait par mer, il lui faut encore tout un monde d'ouvriers pour la navigation. Tous ces éléments divers ont une fonction commune : pourvoir à la subsistance et à la vie de l'État.

Voilà pour le nécessaire. Mais bientôt le luxe crée de nouveaux besoins ; il faut alors agrandir l'État, y introduire « ceux dont l'art consiste dans l'imitation, soit par les figures, soit par les couleurs, soit par les sons; de plus, les poëtes avec toute leur suite, les rapsodes, les acteurs, les danseurs, les entrepreneurs de théâtres, les ouvriers en tous genres, surtout ceux qui travaillent pour les femmes. Nous y introduirons encore des gouverneurs et des gouvernantes, des nourrices, des coiffeuses, des baigneurs, des traiteurs, des cuisiniers et même des porchers..... En menant ce train de vie, les médecins, dont nous avions à peine besoin auparavant, nous deviennent nécessaires [1]. » Mais qu'arrive-t-il?

1. *Répub.*, livre II.

Le pays, qui suffisait auparavant à l'entretien de ses habitants, est désormais trop petit. Si donc nous voulons avoir assez de pâturages, assez de terres à labourer, il nous faudra empiéter sur nos voisins, et nos voisins empiéteront sur nous, si, sortant des bornes du nécessaire, ils se livrent comme nous au désir insatiable de posséder. La guerre est née. Pour la faire, il faut une armée nombreuse. On ne saurait dire : les citoyens eux-mêmes attaqueront et se défendront, car la guerre est un métier ; il est impossible qu'un seul homme fasse plusieurs métiers à la fois. Quoi! l'on ne peut être bon joueur de dés si l'on ne s'applique à ce jeu dès l'enfance, et ce serait assez de prendre un bouclier ou une épée pour devenir tout à coup un bon soldat! Il doit donc y avoir dans l'État une classe de citoyens qui s'exercent exclusivement au métier des armes ; la fonction de cette classe, c'est d'attaquer les États voisins et de défendre l'État menacé.

Mais il faut des lois ; l'État ne peut subsister s'il n'a des magistrats à sa tête ; de là la nécessité d'une troisième classe qui a pour fonction de faire des lois.

Ainsi, de même que l'âme individuelle contient trois puissances différentes : la raison, la faculté irascible et le désir ; de même l'État renferme trois ordres de citoyens : les magistrats, les guerriers et les artisans. L'État est donc multiple, mais il en est de cette multiplicité politique et sociale comme de la multiplicité intérieure de l'âme ; elle suppose l'unité. Le bien, nous l'avons vu, est l'unité suprême dans laquelle s'anéantit la pluralité sensible ; il est encore l'unité des puissances différentes de l'âme individuelle ; il doit être aussi l'unité des différents ordres de l'État.

Chaque faculté de l'âme a une fonction spéciale : il en est de même pour chaque classe de citoyens. Les vertus particulières, prudence, courage, tempérance, résultent dans l'âme de l'accomplissement régulier des fonctions propres à chaque faculté, et la justice n'est rien autre chose que l'harmonie de ces fonctions et de ces vertus. Il n'en est pas autrement dans l'État.

La *prudence* est la vertu propre des magistrats. « La prudence règne dans notre État, car le bon conseil y règne...... Est-il dans l'État que nous venons de former une science qui réside dans quelques-uns de ses membres, et dont l'objet soit de délibérer, non sur quelques parties de l'État, mais sur l'État entier et sur son gouvernement tant intérieur qu'extérieur? — Sans doute, il y en a une. — Quelle est cette science, et en qui réside-t-elle? — C'est celle qui a pour but la conservation de l'État. Elle réside dans ceux des magistrats qui en sont les vrais gardiens. — Par rapport à cette science, comment appelles-tu notre État? — Vraiment prudent et sage dans ses conseils. — Par conséquent, tout État organisé naturellement doit sa prudence à la science qui réside dans la plus petite partie de lui-même, c'est-à-dire dans ceux qui sont à sa tête et qui commandent[1]. »

Le *courage* est la vertu propre des guerriers. « Quant au courage, il n'est pas difficile de le découvrir non plus que le corps en qui il réside, et qui fait donner à l'État le nom de courageux. — Comment cela? — Est-il un autre moyen de s'assurer si un État est lâche ou courageux que d'examiner le caractère de ceux qui sont chargés de le défendre? — Non. — Que les autres citoyens soient lâches ou courageux, on n'en peut rien conclure par rapport à l'État? — Non. — L'État est donc courageux par une partie de lui-même en qui réside une certaine vertu qui conserve en tout temps, sur les choses qui sont à craindre, l'idée qu'elle a reçue du législateur dans son éducation. N'est-ce pas là en effet la définition du courage? Or, nous nous sommes efforcés d'inspirer cette vertu à nos guerriers en les choisissant avec tant de précautions et en les préparant par la musique et la gymnastique. Notre intention a été qu'ils prissent une teinture solide des lois, que leur âme bien née et bien élevée fût tellement pénétrée de l'idée des choses qui sont à craindre et de celles qui ne le sont pas, que rien ne pût l'effacer, ni le plaisir, ni la crainte, ni le désir. C'est cette idée légitime de ce qui est à craindre et de ce qui ne l'est pas, que rien ne peut effacer, que j'appelle courage[2]. »

1. *Répub.*, livre IV. 2. *Ibid.*

La *tempérance* est l'ordre dans les plaisirs et les passions. Il y a dans l'âme de l'homme deux parties, l'une supérieure, l'autre inférieure. Quand la partie supérieure commande à l'autre, on dit de l'homme qu'il est maître de lui-même et qu'il est tempérant. « Considère maintenant notre État, et tu verras qu'on peut dire de lui à juste titre qu'il est maître de lui-même, s'il est vrai qu'on doive appeler tempérant et maître de lui-même tout État où la partie la plus estimable commande à celle qui l'est le moins. — Ce que tu dis est vrai. — Ce n'est pas cependant qu'on n'y trouve des passions sans nombre et de toute sorte... mais ne vois-tu pas en même temps que dans notre État les désirs et les passions de la multitude, qui est la partie inférieure, seront réglés et modérés par la prudence et les volontés du petit nombre, qui est celui des sages [1] ? »

Voilà donc trois vertus sociales qui correspondent une à une aux vertus individuelles. Le principe qui les produit et conserve autant qu'il reste en elles, c'est la justice. Quelle est l'essence de la justice politique? La justice dans l'individu est l'harmonie des facultés de l'âme; la justice dans l'État sera l'harmonie des divers ordres de citoyens; elle sera réalisée quand chaque classe réalisera sa fonction propre et ne cherchera pas à empiéter sur les autres classes. Le renversement des rôles et des aptitudes naturelles est la pire chose qui puisse arriver à la cité. Que le charpentier s'ingère dans le métier du cordonnier, ou le cordonnier dans le métier du charpentier, qu'ils fassent échange de leurs outils et de leur salaire, ce désordre n'est guère préjudiciable à la société. « Mais si celui que la nature a destiné à être artisan du nécessaire, enflé de ses richesses, de son crédit, de sa force et de quelque autre avantage semblable, s'ingérait dans le métier de guerrier, ou le guerrier dans les fonctions du magistrat, sans en avoir la capacité, s'ils faisaient échange des instruments propres à leur emploi et des avantages qui y sont attachés, ou si le même homme voulait s'acquitter à la fois de

1. *Ibid.*

ces emplois différents, alors je crois, et tu croiras sans doute avec moi, qu'une telle confusion entraînerait infailliblement la ruine de la société. — Infailliblement. — La confusion et le mélange de ces trois ordres de fonctions est donc ce qui peut arriver de plus funeste à l'État ; on peut dire que c'est un véritable crime. — Cela est vrai. — Or, le plus grand, le véritable crime envers l'État, n'est-ce pas l'injustice? — Oui. — C'est donc en cela que consiste l'injustice : d'où il suit que, quand chaque ordre de l'État, celui des mercenaires, celui des guerriers et celui des magistrats, se tient dans les bornes de son emploi, et ne passe point au delà, ce doit être le contraire de l'injustice, c'est-à-dire la justice, et ce qui fait qu'une république est juste[1]. » Ici encore, la justice est donc une harmonie. La multiplicité des classes est indispensable à l'existence de la société ; mais cette multiplicité sociale doit être réduite à l'unité, sinon l'anarchie est dans l'État. L'État sera juste lorsque les magistrats réaliseront leur fonction spéciale, c'est-à-dire lorsqu'ils seront *sages*, lorsque les guerriers ne sortiront pas de leurs attributions particulières, et auront la vertu de leur fonction distincte, c'est-à-dire lorsqu'ils seront *courageux*, enfin lorsque magistrats, guerriers et mercenaires seront *tempérants*. La justice dans l'État n'est donc pas une vertu particulière qui consiste, suivant la maxime vulgaire, *à rendre à chacun ce qui lui est dû ;* elle est une vertu générale, ou plutôt un résultat de l'existence des vertus propres à chaque ordre de citoyens ; elle a pour effet de *mettre et de conserver chacun à sa place*.

On voit, sans qu'il soit besoin d'insister davantage, que la justice dans l'État n'est qu'une image agrandie de la justice dans l'individu ; pour Platon, la politique ne diffère de la morale qu'en dimension ; l'une et l'autre se proposent d'établir l'unité dans des multiplicités distinctes. Mais c'est là aussi, nous le savons, l'œuvre de la science ; par suite, l'homme de bien et le vrai politique sont des savants, et les savants seuls sont gens de bien et bons politiques.

1. *Répub.*, livre IV.

Platon répète plus d'une fois : les chefs de l'État doivent être philosophes, et les philosophes doivent être chefs d'État. C'est la conséquence à laquelle aboutit logiquement sa théorie de la science, de la morale et de la politique. Il identifiait la science et la vertu, la vertu individuelle et la vertu sociale. Celui-là seul est juste et en lui-même et dans l'État, qui possède la première des vertus, la *prudence* ou *sagesse*, car il est impossible d'imaginer qu'une raison éclairée ne soit pas obéie par les puissances exécutives de l'être, et ne vienne pas à bout, avec leur aide, des puissances rebelles et désordonnées de la nature. Puisque les magistrats doivent être la raison de l'État, et que les philosophes seuls réalisent la fonction de la raison, qui est de s'élever de la vue des choses périssables à la contemplation des essences éternelles, c'est aux philosophes, et aux philosophes seuls, que doivent être confiées les magistratures.

Platon a foi dans la vérité de ces deux maximes : *le philosophe doit être chef de l'État;* et *l'État idéal peut être réalisé, s'il a pour chef un philosophe.* Mais dans la société actuelle, le philosophe, loin d'obtenir le pouvoir et les honneurs qu'il mérite, est décrié et souvent proscrit. Comment en serait-il autrement? Des matelots qui se disputent entre eux le gouvernail, ne regarderont-ils pas comme d'habiles marins tous ceux qui peuvent les aider à obtenir par la persuasion ou par la violence la conduite du vaisseau? ne mépriseront-ils pas comme inutile celui qui ne sait pas flatter leurs désirs? Ils ignorent d'ailleurs ce que c'est qu'un pilote, et ils ne savent pas que pour être tel il faut avoir une connaissance exacte des temps, des saisons, des astres, du ciel et des vents. Dans cette ignorance, ne traiteront-ils pas d'homme inutile, de vain discoureur, celui qui perd son temps à contempler les astres? « Je ne crois pas qu'il soit besoin de te montrer que ce tableau est l'image fidèle du traitement qu'on fait aux vrais philosophes dans les divers États. — Non. — Présente donc cette comparaison à celui qui s'étonne de voir les philosophes traités dans les États d'une manière si peu honorable; tâche de lui faire concevoir que ce serait une merveille bien plus grande s'ils étaient honorés [1]. » — D'ailleurs la multitude des sophistes contribue beaucoup au décri de la philosophie. « Des hommes de rien, voyant la place vide, et éblouis par les noms distingués et les titres qui la décorent, quittent volontiers une position obscure où leurs petits talents avaient brillé peut-être avec quelque éclat, et se jettent entre les bras de la philosophie, semblables à ces criminels échappés de leur prison, qui vont se réfugier dans les temples [2]. »

Qu'arrive-t-il? C'est que « celui qui goûte et qui a goûté la douceur et le bonheur qu'on trouve dans la sagesse, voyant la folie du reste des hommes, et le désordre introduit dans les États par ceux qui se mêlent de gouverner; n'apercevant d'ailleurs autour de lui personne qui voulût le seconder dans les efforts qu'il ferait pour tirer la justice de l'oppression, de sorte qu'il n'eût rien à craindre pour lui-même; se regardant comme au milieu d'une multitude de bêtes féroces, dont il ne veut point partager les injustices, et à la rage desquelles il essayerait en vain de s'opposer; sûr d'être inutile à lui-même et aux autres, et de périr avant d'avoir pu rendre quelque service à la patrie et à ses amis; plein de ces réflexions, il se tient en repos, uniquement occupé de ses propres affaires, et comme un voyageur assailli d'un violent orage s'estime heureux de rencontrer un mur pour se mettre à l'abri de la pluie et des vents, de même, voyant que l'injustice règne partout impunément, il met le comble du bonheur à pouvoir conserver dans la retraite son cœur exempt d'iniquité et de crime, passer ses jours dans l'innocence, et sortir de cette vie avec une conscience tranquille et remplie des plus belles espérances [3]. »

On le voit; c'est avec mélancolie que Platon parle de l'inutilité du philosophe dans les États réels; mais sa foi dans l'État idéal n'en est pas ébranlée, et il conserve la ferme confiance qu'il sera réalisé le jour où les philosophes obtiendront les honneurs qu'ils méritent : « Eh bien, mes amis,

1. *Répub.*, livre VI.
2. *Répub.*, ibid.
3. *Ibid*

m'accordez-vous à présent que notre projet d'État et de gouvernement n'est pas un simple souhait? L'exécution en est difficile, sans doute; mais elle est possible, et elle ne l'est que comme nous l'avons dit, savoir, lorsqu'on verra à la tête des gouvernements un ou plusieurs philosophes, qui, regardant d'un œil de mépris les honneurs qu'on brigue aujourd'hui, persuadés qu'ils ne sont d'aucun prix, n'estimant que le devoir et les honneurs qui en sont la récompense, mettant la justice au-dessus de tout pour l'importance et la nécessité, soumis en tout à ses lois, et s'appliquant à la faire prévaloir, entreprendront la réforme de l'État [1]. »

L'unité de la pensée platonicienne apparaît maintenant : la vertu dans le citoyen est identique à la vertu dans l'individu, et la vertu en général est identique à la science; par conséquent former le bon citoyen, c'est former l'homme vertueux, et former l'homme vertueux, c'est former le savant. On voit en même temps par quel lien intime le plan d'études philosophiques exposé à la fin du sixième livre et au septième livre de la *République* est rattaché à l'objet général de l'ouvrage; l'éducation politique ne fait qu'un avec l'éducation morale, et par suite avec l'éducation philosophique.

Maintenant, en quoi consiste cette éducation? Nous sommes amenés par cette question à l'analyse du septième livre de la *République;* nous y intercalerons quelques passages du sixième livre, duquel il est impossible d'isoler complétement le livre suivant, sans renoncer à la claire intelligence des doctrines contenues dans ce dernier.

1. *Répub.*, VII. — Dans les *Lois*, Platon, tenant compte des nécessités que les faits imposent au législateur, trace l'esquisse d'une cité plus humaine; mais ce n'est pas sans pousser un soupir de regret vers la république idéale.

ANALYSE DU VIIe LIVRE

Imaginez un homme plongé dans les ténèbres d'une caverne; ses yeux trompés prendront l'apparence pour la réalité, les ombres des choses pour les choses elles-mêmes. C'est l'image de l'âme qui n'a pas encore subi l'influence de la philosophie. L'éducation philosophique a pour but de tourner l'âme de l'apparence vers la réalité, des ombres des choses vers les choses elles-mêmes. Mais cette conversion ne saurait être brusque, autrement l'âme, éblouie d'une lumière jusqu'alors inconnue, perdrait la faculté de discerner même les ombres; c'est peu à peu qu'il faut l'habituer aux clartés éblouissantes du monde réel.

Un caractère commun à toutes les études préparatoires, c'est qu'elles doivent élever l'âme de ce qui paraît à ce qui est, de ce qui naît et périt à ce qui est éternel et immuable. Les arts mécaniques n'en font donc pas partie, non plus que la gymnastique et la musique. Ces arts écartés, restent les sciences universelles.

La première est la science des nombres et du calcul; elle est capable d'élever l'âme à la pure intelligence et de l'amener à la contemplation de ce qui est. Les nombres en effet sont parmi les choses qui invitent l'entendement à la réflexion. Aucun sens ne nous donne une connaissance complète de l'unité et des autres nombres, puisque chacun d'eux nous montre chaque nombre à la fois un et multiple. L'âme est donc forcée de demander à l'entendement ce qu'est l'unité, ce qu'est le nombre. La science du nombre et du calcul conduit donc à la vérité. Il faudra l'étudier jusqu'à ce que par le moyen de la pure intelligence on soit parvenu à connaître l'essence des nombres.

Une autre science universelle est la géométrie à deux dimensions : elle a pour objet la connaissance de ce qui est toujours et non de ce qui naît et périt; par conséquent elle attire l'âme vers la vérité; elle forme en elle l'esprit philosophique, en l'obligeant à porter en haut ses regards au lieu de les abaisser vers les choses d'ici-bas.

La troisième science est la géométrie à trois dimensions [1]; mais c'est une science encore peu avancée.

En quatrième lieu vient l'astronomie; mais il ne faut pas oublier que la beauté du ciel visible ne doit être pour nous que l'image du ciel intelligible; on se servira donc des astres dans l'étude de l'astronomie, comme on se sert des figures en géométrie, sans s'arrêter à ce qui se passe dans le ciel.

Mais toutes ces sciences ne sont que le prélude. L'air qu'il faut maintenant entendre, c'est la dialectique. « Cette science toute spirituelle peut être représentée par l'organe de la vue, qui s'élève graduellement du spectacle des animaux à celui des astres, et enfin à la contemplation du soleil même. Ainsi celui qui s'applique à la dialectique, s'interdisant absolument l'usage des sens, s'élève par la raison seule à l'essence des choses. » La dialectique est la seule méthode qui essaye de parvenir régulièrement à l'essence de chaque chose; les sens ne saisissent que l'apparence multiple; les arts ne s'occupent que des opinions des hommes; les sciences mathématiques ont quelque commerce avec ce qui est; mais les principes sur lesquels elles fondent leurs démonstrations sont incertains, car ce sont des hypothèses dont elles ne rendent pas raison; seule la dialectique laisse là les hypothèses, et remonte aux principes.

Il faut placer ici le passage si important sur les divisions de la réalité, par lequel se termine le sixième livre : « Soit une ligne coupée en deux parties égales, c'est-à-dire le monde visible et le monde intelligible; coupe encore en deux chaque partie, et tu auras d'un côté la partie claire et de l'autre la partie obscure de chacun d'eux. Une des sections de l'espèce visible te donnera les images..... l'autre section te donnera les objets que ces images représentent..... Serais-tu d'avis qu'appliquant cette division au vrai et au faux, on fît cette proportion : ce que les apparences sont aux choses qu'elles représentent,

1. Sur la différence de la géométrie à trois dimensions et de la géométrie à deux dimensions, voir la note 1 de la page 76.

l'opinion l'est à la connaissance? — J'y consens. — Voyons à présent comment il faut diviser le monde intelligible. — Comment? — En deux parties, de façon qu'une partie renferme les figures visibles des choses intelligibles, qui obligent l'âme, lorsqu'elle s'en sert comme d'images, de procéder dans ses recherches en partant de certaines hypothèses, non pour remonter à un principe, mais pour descendre aux conclusions les plus éloignées; et que l'autre partie nous représente les idées les plus pures, au moyen desquelles l'âme, sans le concours d'aucune image, partant d'une hypothèse, remonte par le raisonnement à un principe indépendant de toute hypothèse. — Je ne comprends pas bien ce que tu viens de dire. — Tu n'ignores pas, je pense, que les géomètres et les arithméticiens supposent deux sortes de nombres, l'un pair, l'autre impair, des figures, trois espèces d'angles, et ainsi du reste, selon la démonstration qu'ils cherchent; qu'ils regardent ensuite ces suppositions comme autant de principes certains et évidents, dont ils ne rendent raison ni à eux-mêmes ni aux autres; qu'enfin ils partent de ces hypothèses, et, par une chaîne non interrompue, descendent de proposition en proposition jusqu'à celle qu'ils avaient dessein de démontrer. — Je sais cela. — Tu sais donc aussi qu'ils se servent pour cela de figures visibles, et qu'ils y appliquent leurs raisonnements, quoique ce ne soit point à elles qu'ils pensent, mais à d'autres figures représentées par celles-là..... Les géomètres emploient ces figures comme autant d'images qui leur servent à connaître les vraies figures qu'on ne peut connaître que par la pensée. — Tu dis vrai. — Voilà la première classe des choses intelligibles. L'âme, pour parvenir à les connaître, est contrainte de se servir de suppositions, non pour aller jusqu'à un premier principe, parce qu'elle ne peut remonter au delà des suppositions qu'elle a faites.....

» Conçois à présent ce que j'entends par la seconde classe des choses intelligibles. Ce sont celles que l'âme saisit immédiatement par la voie du raisonnement, en faisant quelques hypothèses qu'elle ne regarde pas comme des principes, mais comme de simples suppositions, et qui lui servent de degrés et de points d'appui pour s'élever jusqu'à un premier principe indépendant de toute hypothèse. Elle saisit ce principe, et s'attachant à toutes les conclusions qui en dépendent, elle descend de là jusqu'à la dernière conclusion, sans s'étayer de rien de sensible, et s'appuyant toujours sur des idées pures, par lesquelles sa démonstration commence, procède et se termine..... Applique maintenant à ces quatre classes d'objets sensibles et intelligibles quatre différentes opérations de l'âme, savoir : à la première classe, la pure intelligence (νόησις) ; à la seconde, la connaissance raisonnée (διάνοια) ; à la troisième, la foi (πίστις) ; à la quatrième, la conjecture (εἰκασία) ; et donne à chacune de ces manières de connaître plus ou moins d'évidence, selon que leurs objets participent plus ou moins de la vérité. »

La dialectique seule peut produire la pure intelligence, car seule elle découvre la raison et l'essence de chaque chose; celui qui s'y applique et la pousse jusqu'au bout, parvient à saisir par la pensée l'essence du bien, cause et raison de tout le reste. Nous trouvons dans le sixième livre, sur cette essence suprême, des éclaircissements qu'il convient d'emprunter ici, pour compléter les indications sommaires du septième livre. « Le soleil est dans la sphère visible, par rapport à la vue et à ses objets, ce que l'autre est dans la sphère idéale, par rapport à l'intelligence et aux êtres intelligibles..... Tu sais que lorsqu'on tourne les yeux vers des objets qui ne sont pas éclairés par le soleil, mais par les astres de la nuit, on a peine à les discerner, qu'on est presque aveugle, et que la vue n'est pas nette, mais que, quand on regarde les objets éclairés par le soleil, on les voit distinctement, et que la vue est très-nette. Comprends que la même chose se passe à l'égard de l'âme. Quand elle fixe ses regards sur des objets éclairés par la vérité et par l'être, elle les voit clairement, les connaît, et montre qu'elle est douée d'intelligence ; mais lorsqu'elle tourne son regard sur ce qui est mêlé de ténèbres, sur ce qui naît et périt, sa vue se trouble, s'obscurcit, et n'a plus que des opinions qui changent à toute heure. Tiens donc pour certain que ce qui répand sur les objets des sciences la lumière de la vérité, ce qui donne à l'âme la faculté de connaître, c'est l'idée du bien, et qu'elle est le principe de la science et de la vérité.... Tu penses sans doute comme moi que le soleil ne rend pas seulement visibles les choses visibles, mais qu'il leur donne encore la naissance, l'accroissement et la nourriture, sans être lui-même rien de tout cela. De même tu peux dire que les êtres intelligibles ne tiennent pas seulement du bien leur intelligibilité, mais encore leur être et leur essence, quoique le bien lui-même ne soit point essence, mais quelque chose bien au-dessus de l'essence, en dignité et en puissance. »

Telles seront les études de ceux que nous aurons choisis pour en faire les chefs de notre État. A vingt ans commenceront les études préliminaires; ce n'est qu'à trente ans qu'il faut aborder la dialectique. Après l'avoir étudiée pendant cinq ans, les futurs magistrats redescendront dans la vie active et rempliront des emplois militaires. Cette nouvelle épreuve durera quinze ans. Alors, âgés de cinquante ans, ils se livreront exclusivement à la recherche du bien en soi, exerceront les grandes magistratures de l'État et formeront des citoyens qui leur ressemblent.

LA RÉPUBLIQUE

LIVRE SEPTIÈME

Représente-toi à présent, l'état de la nature humaine par rapport à la science et à l'ignorance, d'après le tableau que je vais faire[1]. Imagine un antre souterrain ayant dans toute sa longueur une ouverture qui donne une libre entrée à la lumière, et dans cet antre, des hommes enchaînés depuis l'enfance, de sorte qu'il ne puissent changer de place ni tourner la tête, à cause des chaînes qui leur assujetissent les jambes et le cou, mais seulement voir les objets qu'ils ont en face. Derrière eux, à une certaine distance et une certaine hauteur, est un feu dont la lueur les éclaire, et entre ce feu et les captifs est un chemin escarpé. Le long de ce chemin, imagine un mur semblable à ces cloisons que les charlatans mettent entre eux et les spectateurs, pour leur dérober le jeu et les ressorts secrets des merveilles qu'ils leur montrent. — Je me représente tout cela. — Figure-toi des hommes qui passent le long de ce mur, portant des objets de toute espèce, des figures d'hommes et d'animaux en bois ou en pierre, de sorte que tout

1. Rapprocher de cette allégorie le passage suivant du *Phédon;* supposons « quelqu'un qui logeant dans les abîmes de l'Océan, s'imaginerait demeurer au-dessus du niveau de la mer; voyant au travers de l'eau le soleil et les autres astres, prendrait la mer pour le ciel; et, n'ayant jamais pu, à cause de sa pesanteur et de sa faiblesse, s'élever au-dessus du niveau de la mer, n'ayant même jamais avancé sa tête hors de l'eau, il n'aurait jamais pu reconnaître combien ce lieu que nous habitons est plus pur et plus beau que celui qu'il habite. »

cela paraisse au-dessus du mur. Parmi ceux qui les portent, les uns s'entretiennent ensemble, les autres passent sans rien dire. — Voilà un étrange tableau et d'étranges prisonniers!

— Ils nous ressemblent pourtant de point en point. Et d'abord, crois-tu qu'ils verront autre chose d'eux-mêmes et de ceux qui sont à leurs côtés, que les ombres qui vont se peindre vis-à-vis d'eux dans le fond de la caverne? — Que pourraient-ils voir de plus, puisque, depuis leur naissance, ils sont contraints de tenir toujours la tête immobile? — Verront-ils aussi autre chose que les ombres des objets qui passent derrière eux? — Non. S'ils pouvaient converser ensemble, ne conviendraient-ils pas entre eux de donner aux ombres qu'ils voient les noms des choses mêmes? — Sans contredit. — Et, s'il y avait au fond de leur prison un écho qui répétât les paroles des passants, ne s'imagineraient-ils pas entendre parler les ombres mêmes qui passent devant leurs yeux? — Oui. — Enfin, ils ne croiraient pas qu'il existât autre chose de réel que ces ombres. — Sans doute.

— Vois maintenant ce qui viendra naturellement leur arriver, si on les délivre de leurs fers et qu'on les guérisse de leur erreur. Qu'on détache un de ces captifs; qu'on le force sur-le-champ de se lever, de tourner la tête, de marcher et de regarder du côté de la lumière : il ne fera tout cela qu'avec des peines infinies; la lumière lui blessera les yeux, et l'éblouissement qu'elle lui causera l'empêchera de discerner les objets dont il voyait auparavant les ombres. Que crois-tu qu'il répondît à celui qui dirait que jusqu'alors il n'a vu que des fantômes, qu'à présent il a devant les yeux des objets plus réels et plus approchants de la vérité? Si on lui montre ensuite au doigt les choses à mesure qu'elles se présenteront, et qu'on l'oblige à force de questions à dire ce que c'est, ne le jettera-t-on pas dans l'embarras, et ne se persuadera-t-il pas que ce qu'il voyait auparavant était plus réel que ce qu'on lui montre? — Sans doute. — Et, si on le contraignait de regarder le feu, n'aurait-il pas mal au yeux? N'en détournerait-il point ses regards pour les porter sur ces ombres qu'il fixe sans effort? Ne jugerait-il pas qu'elles ont quelque chose de plus net et de plus distinct que tout ce qu'on lui fait voir? — Assurément. — Si maintenant on l'arrache de la caverne, et qu'on le traîne, par le sentier rude et escarpé, jusqu'à la clarté du soleil, quel supplice pour lui d'être traîné de la sorte! dans quelle fureur il entrerait! et lorsqu'il serait arrivé au grand jour, les yeux tout éblouis de son éclat, pourrait-il rien voir de cette foule d'objets que nous appelons des êtres réels? — Il ne le pourrait pas tout d'abord. — Il lui faudrait du temps, sans doute, pour s'y accoutumer. Ce qu'il discernerait plus aisément, ce serait d'abord les ombres, ensuite les images des hommes et des autres objets, peintes sur la surface des eaux; enfin, les objets eux-mêmes. De là il porterait ses regards vers le ciel, dont il soutiendrait plus facilement la vue de nuit à la lueur de la lune et des étoiles, qu'en plein jour à la lumière du soleil. — Sans doute. — A la fin, il serait en état non-seulement de voir le soleil dans les eaux et partout où son image se réfléchit, mais de le fixer, de le contempler lui-même à sa véritable place. — Oui. — Après cela, se mettant à raisonner, il en viendra à conclure que c'est le soleil qui fait les saisons et les années, qui gouverne tout le monde invisible, et qui est en quelque sorte la cause de tout ce qui se voyait dans la caverne[1].

1. L'artifice de cette comparaison consiste à baisser les choses d'un degré; le monde apparent de la caverne est au monde visible ce que le monde visible est au monde intelligible. Platon admet quatre modes distincts de connaissance : la conjecture (εἰκασία); la foi (πίστις); la pensée discursive (διάνοια), et la pensée pure (νόησις). Le monde de la caverne doit donc contenir les objets de l'εἰκασία et de la πίστις, et le monde visible, les objets de la διάνοια et de la νόησις. Dans la caverne, les captifs voient d'abord les ombres, puis des statues réelles, elles-mêmes imitations des objets visibles, enfin le feu qui les éclaire; voilà donc trois objets, et il n'en faudrait, semble-t-il, que deux; sortis de la caverne, les captifs contemplent d'abord les ombres des objets et leurs images peintes à la surface des eaux, puis les objets eux-mêmes, puis les astres de la nuit, et enfin le soleil. Voilà donc dans le monde visible, considéré ici comme symbole du monde intelligible, quatre objets où il n'en faudrait, semble-t-il, que deux. — La première difficulté est aisée à lever : dans le monde intelligible, le bien a un rôle particulier; il est la cause et la raison des idées; Platon déclare au sixième livre que le soleil est, dans le monde visible, ce que le bien est dans le monde intelligible; le feu de la caverne

— Il est évident qu'il en viendrait par degrés jusqu'à faire ces réflexions.

— S'il venait alors à se rappeler sa première demeure, l'idée qu'on y a de la sagesse, et ses compagnons d'esclavage, ne se réjouirait-il pas de son changement, et n'aurait-il pas compassion de leur malheur? — Assurément. — Crois-tu qu'il fût encore jaloux des honneurs, des louanges et des récompenses qu'on y donnait à celui qui saisissait le plus promptement les ombres à leur passage, qui se rappelait le plus sûrement celles qui allaient devant, après ou ensemble, et qui par là était le plus habile à deviner leur apparition, ou qu'il portât envie à la condition de ceux qui dans cette prison étaient les plus puissants et les plus honorés? Ne préférerait-il pas, comme Achille dans Homère[1], passer sa vie au service d'un pauvre laboureur, et tout souffrir, plutôt que de reprendre son premier état et ses premières illusions? — Je ne doute pas qu'il ne fût disposé à tout souffrir plutôt que de reprendre son premier état et ses premières illusions. — Fais encore attention à ceci. S'il retournait de nouveau dans sa prison pour y reprendre son ancienne place, dans ce passage subit du grand jour à l'obscurité, ne se trouverait-il pas comme aveuglé?—Oui. —Et si, tandis qu'il ne distingue encore rien, et avant que

correspond donc au soleil du monde visible; mais la seconde difficulté est plus difficile à résoudre; nous devons trouver dans les divisions du monde visible considéré ici comme symbole du monde intelligible, un symbole de la διάνοια et un symbole de la νόησις; si nous n'avions que trois objets différents, les images des objets, les objets réels et le soleil, il serait aisé de sortir de la difficulté, car le soleil serait pris comme symbole du bien; mais nous avons aussi les astres de la nuit. Les ombres des corps et les corps eux-mêmes seront-ils pris pour symboles de la διάνοια? les astres de la nuit et le soleil, pour symboles de la νόησις? Ou bien, au contraire, les ombres et les astres de la nuit seront-ils l'emblème de la pensée discursive, et les objets et le soleil celui de la pensée pure? — La première hypothèse est plus vraisemblable que la seconde. Dans la pensée discursive, il faut en effet distinguer les images des idées sur lesquelles le géomètre opère, et ces idées elles-mêmes; dans l'objet de la pensée pure, il faut aussi distinguer la multiplicité idéale de l'unité qui la contient et la coordonne. Les astres de la nuit représenteraient alors les éléments idéaux autres que l'unité, et le soleil l'unité même ou le bien.

1. *Odyssée*, livre XI, v. 488.

ses yeux soient bien remis, ce qui ne pourrait arriver qu'après un assez longtemps, il lui fallait entrer en dispute avec les autres prisonniers sur ces ombres, n'apprêterait-il point à rire aux autres, qui diraient de lui que, pour être monté là-haut, il a perdu la vue ; ajoutant que ce serait une folie à eux de vouloir sortir du lieu où ils sont, et que, si quelqu'un s'avisait de vouloir les en tirer et les conduire en haut, il faudrait s'en saisir et le tuer? — Sans contredit.

— Eh bien, mon cher Glaucon[1], c'est là précisément l'image de la condition humaine. L'antre souterrain, c'est ce monde visible; le feu qui l'éclaire, c'est la lumière du soleil; ce captif qui monte à la région supérieure et qui la contemple, c'est l'âme qui s'élève jusqu'à la sphère intelligible. Voilà du moins quelle est ma pensée, puisque tu veux le savoir. Dieu sait si elle est vraie. Quant à moi, la chose me paraît telle que je vais dire. Dans le lieu le plus élevé du monde intelligible, est l'idée du bien qu'on n'aperçoit qu'avec beaucoup de peine et d'effort; mais qu'on ne peut apercevoir sans conclure qu'elle est la cause première de tout ce qu'il y a de beau et de bon dans l'univers; que dans ce monde visible, elle produit la lumière et l'astre qui y préside; que dans ce monde idéal, elle engendre la vérité et l'intelligence, qu'il faut par conséquent la connaître, si on veut se conduire sagement dans sa vie privée et publique. — Je suis de ton avis autant que je puis comprendre ta pensée. — Admets donc aussi et ne t'étonne plus que ceux qui sont parvenus à cette sublime contemplation dédaignent de prendre part aux affaires humaines, et que leurs âmes aspirent sans cesse à se fixer dans ce lieu élevé[3]. La chose doit être ainsi, si elle est conforme à la peinture allégorique que j'en ai tracée. — Cela doit être.

1. Glaucon, fils d'Ariston et frère de Platon, est un des interlocuteurs du *Parménide*.

2. L'idée du bien joue un rôle prépondérant dans la doctrine des idées; elle est au monde intelligible ce que le soleil est au monde visible; c'est par elle qu'il existe et qu'il est intelligible, de même que le monde visible reçoit du soleil la vie et la lumière. V. *Introd. au septième livre de la Répub.*, p. 54.

3. V. *Introd. au liv. septième de la Répub.*, p. 49.

— Es-il surprenant qu'un homme, passant de cette contemplation divine à celle des misérables objets qui nous occupent, soit troublé et paraisse ridicule lorsque, avant d'être familiarisé avec les ténèbres qui l'environnent, il est forcé d'entrer en dispute devant les tribunaux ou ailleurs sur des ombres et des fantômes de justice, et d'expliquer la manière dont il les conçoit devant des personnes qui n'ont jamais vu la justice elle-même? — Je ne vois en cela rien de surprenant. — Un homme sensé fera réflexion que la vue peut être troublée de deux manières et par deux causes opposées, par le passage de la lumière à l'obscurité, ou par celui de l'obscurité à la lumière; et, appliquant aux yeux de l'âme ce qui arrive aux yeux du corps, lorsqu'il la verra troublée et embarrassée pour discerner certains objets, au lieu de rire sans raison de son embarras, il examinera s'il lui vient de ce qu'elle descend d'un état plus lumineux, ou si c'est que, passant de l'ignorance à la lumière, elle est éblouie de son trop grand éclat. Dans le premier cas, il la félicitera de son embarras; dans le second, il plaindra son sort; ou, s'il veut rire à ses dépens, ses railleries seront moins ridicules que si elles s'adressaient à l'âme qui redescend du séjour de la lumière. — Ce que tu dis est très-raisonnable.

— Or, si tout cela est vrai, il faut en conclure que la science ne s'apprend pas de la manière dont certaines gens le prétendent. Ils se vantent de pouvoir la faire entrer dans une âme où elle n'est point, à peu près comme on rendrait la vue à des yeux aveugles[1]. — Ils le disent hautement. — Mais le discours présent nous fait voir que chacun a dans son âme la faculté d'apprendre avec un organe destiné à cela; que tout le secret consiste à tourner cet organe, avec l'âme tout entière, de la vue de ce qui naît vers la contemplation de ce qui est, jusqu'à ce qu'il puisse fixer ses regards sur ce qu'il y a de plus lu-

1. Allusion aux sophistes. — Pour Platon, toute connaissance est innée; instruire quelqu'un, c'est dégager la science immanente à son âme des ténèbres qui l'enveloppent. Dans le *Ménon*, Socrate interroge un esclave ignorant, et peu à peu il *accouche* son esprit; il en fait sortir les vérités qui y étaient contenues à l'état latent.

mineux dans l'être, c'est-à-dire, selon nous, sur le bien ; de même que, si l'œil n'avait pas de mouvement particulier, il faudrait de nécessité que tout le corps tournât avec lui dans le passage des ténèbres à la lumière ; n'est-ce pas ? — Oui. — Dans cette évolution qu'on fait faire à l'âme, tout l'art consiste donc à la tourner de la manière la plus aisée et la plus utile. Il ne s'agit pas de lui donner la faculté de voir : elle l'a déjà ; mais son organe est dans une mauvaise direction, il ne regarde point où il faudrait : c'est ce qu'il faut corriger. — Il me semble qu'il n'y a pas d'autre secret.

— Il en est à peu près des autres qualités de l'âme comme de celles du corps ; quand on ne les a pas reçues de la nature, on les acquiert par l'éducation et la culture. Mais à l'égard de la faculté de savoir, comme elle est d'une nature plus divine, jamais elle ne perd sa vertu ; elle devient seulement utile ou inutile, avantageuse ou nuisible, selon la direction qu'on lui donne. N'as-tu point encore remarqué jusqu'où va la sagacité de ces hommes à qui on donne le nom d'habiles coquins ? Avec quelle pénétration leur petite âme discerne tout ce qui les intéresse ? Sa vue n'est ni faible ni troublée ; mais, comme ils la contraignent de servir d'instrument à leur malice, ils sont d'autant plus malfaisants qu'ils sont plus subtils et plus clairvoyants. — Cette remarque est juste. — Si dès l'enfance on avait coupé ces penchants criminels qui, comme autant de poids de plomb, entraînent l'âme vers les plaisirs sensuels et grossiers, et la forcent de regarder toujours en bas ; si, après l'avoir dégagée de ces poids, on eût tourné son regard vers la vérité, elle l'aurait distinguée avec la même sagacité. — Il y a apparence. — N'est-ce pas une conséquence vraisemblable, ou plutôt nécessaire, de tout ce que nous avons déjà dit, que ni ceux qui n'ont reçu aucune éducation, et qui n'ont aucune connaissance de la vérité, ni ceux qu'on a laissés passer toute leur vie dans l'étude et la méditation, ne sont propres au gouvernement des Etats : les uns, parce qu'ils n'ont dans toute leur conduite aucun but fixe auquel ils puissent rapporter tout ce qu'ils font dans la vie publique ou privée ; les autres, parce qu'ils ne consentiront jamais à se charger d'un pareil fardeau, se croyant déjà dès leur vivant dans les îles fortunées ? — Tu as raison.

— C'est donc à nous, qui fondons une république, d'obliger les naturels excellents de s'appliquer à la plus sublime de toutes les sciences, de contempler le bien en lui-même, et de s'élever jusqu'à lui par ce chemin escarpé dont nous avons parlé; mais après qu'ils y seront parvenus, et qu'ils l'auront contemplé pendant un certain temps, gardons-nous de leur permettre ce qu'on leur permet aujourd'hui. — Quoi? — D'y fixer leur demeure, de ne plus vouloir redescendre vers ces malheureux captifs pour prendre part à leurs travaux, à leurs honneurs même, quel que soit le cas qu'on doive en faire. — Eh quoi! serons-nous si durs à leur égard? Pourquoi les condamner à une vie misérable, tandis qu'ils peuvent jouir d'une condition plus heureuse? — Tu oublies encore une fois, mon cher ami, que le législateur ne doit point se proposer pour tout but la félicité d'un certain ordre de citoyens à l'exclusion des autres, mais la félicité de tous; que, dans cette vue, il doit unir tous les citoyens d'intérêt, les engageant par la persuasion ou l'autorité à se faire part les uns aux autres des avantages qu'ils sont en état de rendre à la communauté; et qu'en formant avec soin de pareils citoyens, il ne prétend pas leur laisser la liberté de faire de leurs facultés tel usage qu'il leur plaira, mais se servir d'eux pour fortifier le lien de l'Etat. — Tu dis vrai; je l'avais oublié.

— Au reste, observe, mon cher Glaucon, que nous ne serons pas coupables d'injustice envers les philosophes qui se seront formés chez nous, et que nous aurons de bonnes raisons à leur alléguer pour les obliger à se charger de la garde et de la conduite des autres. Dans les autres Etats, leur dirons-nous, les philosophes sont plus excusables de se soustraire à l'embarras des affaires publiques, parce qu'ils ne sont redevables qu'à eux-mêmes de leur sagesse, et qu'ils se sont formés malgré le gouvernement. Or il est juste que ce qui ne doit qu'à soi sa naissance et son accroissement ne soit tenu à aucune reconnaissance envers qui que ce soit. Mais vous, nous vous avons formés dans l'intérêt de l'Etat comme dans le vôtre, pour être dans notre république, comme dans celle des abeilles, nos chefs et nos rois; dans ce dessein, nous vous avons donné une éducation plus parfaite, qui vous rendît plus capables qu'aucun autre d'allier l'étude de la sagesse au maniement des affaires [1]. Descendez donc chacun, autant qu'il est nécessaire, dans la demeure commune; accoutumez vos yeux aux ténèbres qui y règnent; lorsque vous vous serez familiarisés avec elles, vous jugerez infiniment mieux que les autres de la nature des choses qu'on y voit; vous discernerez mieux qu'eux les fantômes du beau, du juste et du bien, parce que vous avez vu ailleurs l'essence du beau, du juste et du bien. Ainsi, pour votre bonheur autant que pour le bonheur public, le gouvernement de notre Etat sera une réalité, et non un rêve comme dans la plupart des autres Etats [2], où les chefs se battent pour des ombres vaines, et se disputent avec acharnement l'autorité, qu'ils regardent comme un grand bien. Mais la vérité est que dans tout Etat où ceux qui doivent commander ne font paraître aucun empressement pour leur élévation, c'est une nécessité qu'il soit bien gouverné, et que la concorde y règne; au lieu que, partout où l'on brigue le commandement, le contraire ne peut manquer d'arriver. — Cela est vrai.

— Nos élèves résisteront-ils à la force de ces raisons? Refuseront-ils de porter tour à tour le poids du gouvernement, pour aller ensuite passer ensemble la plus grande partie de leur vie dans la région de la pure lumière [3]? — Il est impossible qu'ils le refusent, car ils

1. Dans la république platonicienne, c'est l'Etat qui seul est chargé de l'éducation physique et de l'éducation intellectuelle des jeunes citoyens. Les enfants nouveau-nés sont portés dans un bercail commun, où leurs mères viennent les allaiter sans les reconnaître. C'est pour Platon le meilleur moyen d'établir la fraternité entre tous les citoyens; chacun, ignorant de qui il est frère, croira voir des frères dans tous ses concitoyens (livre V). C'est encore l'Etat qui donne l'instruction; l'initiative individuelle est supprimée.

2. Platon croit fermement à la possibilité de réaliser la république idéale, le jour où les philosophes seront les chefs de l'Etat. De tels chefs auront nécessairement en vue, non pas la réalisation de leur bien propre, mais la réalisation du bien en soi.

3. Les citoyens destinés à être magistrats doivent d'abord s'exercer à la dialectique et devenir philosophes (v. l'*Introduction au septième livre*, p. 48). Faut-il entendre ces mots, *passer ensemble la plus grande partie de leur vie dans le règne de la pure lumière*, de la vie présente ou de la vie future? Le doute n'est pas permis : les philosophes seront chargés tour à tour du gouvernement de la chose publique; les loisirs que leur laissera cette alternance dans les fonctions actives seront consacrés à la philosophie.

sont justes, et nos demandes le sont aussi; mais alors chacun d'eux, au contraire de ce qui se pratique ailleurs, se chargera du commandement comme d'un joug inévitable. — Il en est ainsi, mon cher ami. Si tu peux trouver, pour ceux qui doivent commander, une condition qu'ils préfèrent au commandement, tu pourras aussi trouver une république bien gouvernée, car dans cet Etat seulement commanderont ceux qui sont vraiment riches, non en or, mais en sagesse et en vertu, les seules richesses des vrais heureux [1]; mais partout où des hommes pauvres, des gens affamés de bien, et qui n'ont rien par eux-mêmes, aspireront au commandement, croyant rencontrer là le bonheur qu'ils cherchent, le gouvernement sera toujours mauvais. On se disputera. On s'arrachera l'autorité, et cette guerre domestique et intestine perdra enfin l'Etat avec ses chefs. — Rien de plus vrai. — Or, connais-tu une autre condition que celle du vrai philosophe, pour inspirer le mépris des dignités et des charges publiques? — Je n'en connais point d'autre. — De plus, il faut confier l'autorité à ceux qui ne sont pas jaloux de la posséder; autrement, la rivalité fera naître des disputes entre eux. — Sans doute. — Qui forceras-tu donc d'accepter le commandement, sinon ceux qui, mieux instruits que personne dans la science de gouverner, ont une autre vie et d'autres honneurs qu'ils préfèrent à ceux que la vie civile leur offre? — Je ne m'adresserai point à d'autres.

— Veux-tu maintenant examiner ensemble de quelle manière nous formerons les hommes de ce caractère [2], et comment nous les ferons passer des ténèbres à la lumière, comme on dit que quelques-uns ont passé des enfers au séjour des dieux? — Faut-il demander si je le veux? — Il ne s'agit point ici d'un tour de palet, comme au jeu [3], mais d'imprimer à l'âme un mouvement

1. Pour Socrate et Platon, le seul bien véritable est la vertu; celui qui possède la vertu est donc riche de tous les biens. De même les stoïciens devaient dire plus tard de leur sage: *Dives pulcher, honoratus, liber, rex denique regum.*

2. Aux yeux de Platon, la politique est tout entière une science d'éducation. C'est l'Etat qui forme ses guerriers et ses magistrats.

3. Allusion à un jeu d'enfants dans lequel, pour savoir qui poursuivrait et serait poursuivi, on jetait en l'air une écaille blanche

qui, du jour ténébreux qui l'environne, l'élève jusqu'à la vraie lumière de l'être par la route que nous appellerons pour cela la véritable philosophie. — Fort bien. — Ainsi il est à propos de voir quelle est, parmi les sciences, celle qui est propre à produire cet effet. — Sans doute. — Hé bien, mon cher Glaucon, quelle est la science qui élève l'âme de ce qui naît vers ce qui est? Je fais en même temps réflexion à une autre chose. N'avons-nous pas dit qu'il fallait que nos philosophes s'exerçassent dans la jeunesse au métier des armes [1]? — Oui. — Il faut donc que la science que nous cherchons, outre ce premier avantage, en ait encore un autre. — Lequel? — Celui de n'être point inutile à des gens de guerre. — Sans doute; il le faut, s'il est possible. — N'avons-nous pas déjà admis dans notre plan d'éducation la musique et la gymnastique [2]? — Oui. — Mais la gymnastique a pour

d'un côté et noire de l'autre. On lit dans le *Phèdre* : « L'écaille étant retournée, de poursuivant il devient fuyard. »

1. Dans la *République*, les premiers degrés de l'éducation sont franchis en commun et par ceux des jeunes gens qui doivent être guerriers, et par ceux qui doivent être magistrats. Du reste, ces derniers doivent être soumis à l'épreuve des dangers, sans laquelle la fermeté de leur âme n'apparaîtrait pas.

2. La musique est l'ensemble des arts auxquels président les Muses; elle comprend des discours vrais et des discours mensongers. L'enfant doit toujours entendre des discours propres à le porter à la vertu; aussi faut-il déclarer dangereuse la lecture des poëtes qui se plaisent à raconter des crimes et qui, comme Hésiode et Homère, défigurent les héros et les dieux. Il faut aux jeunes guerriers des poésies qui élèvent l'âme, exaltent les courages et inspirent le mépris de la mort; on ne leur fera donc pas lire ces récits mensongers qui représentent l'autre monde comme un lieu terrible, et ne peuvent qu'éveiller de folles terreurs; on ne leur fera pas entendre non plus ces lamentations indignes que les poëtes mettent parfois dans la bouche des héros. Comme ils ont besoin de la tempérance, mère de la soumission, ils ignoreront les passages des poëtes où l'intempérance est louée, ceux aussi où les dieux sont montrés en proie à d'indignes amours, spectacle qui ne pourrait qu'affaiblir en eux le respect dû aux supérieurs. Voilà pour le fond des poëmes; le choix de la forme n'est pas non plus indifférent; tantôt le poëte chante ses propres sentiments; tantôt il s'efface lui-même et fait parler des personnages; tantôt enfin il combine ces deux formes d'exposition. Le récit simple et direct est le seul qui soit sincère; c'est le seul qui convienne aux jeunes gens; l'autre n'étant qu'imitation n'est que mensonge; il est indigne d'une éducation virile. Quant au chant et à la mélodie, expression sensible de la pensée et des senti-

objet ce qui est sujet à la génération et à la corruption, son but étant d'examiner ce qui peut augmenter ou diminuer les forces du corps. — Cela est vrai. — Elle n'est donc pas la science que nous cherchons. — Non.

— Serait-ce la musique telle que nous l'avons expliquée plus haut? — Mais, s'il t'en souvient, elle répond à la gymnastique, quoique dans un genre opposé. Son but, disions-nous, est d'accorder, pour ainsi dire, l'âme des guerriers par le moyen de l'harmonie, et d'en régulariser les mouvements par le moyen du rhythme et de la mesure, mais non de lui communiquer une science. Elle emploie dans un but semblable les discours, soit vrais, soit fabuleux; mais je n'ai point vu qu'elle renfermât aucune des sciences que tu cherches, et qui sont propres à élever l'âme à la connaissance du bien. — Tu me rappelles exactement ce que nous avons dit : la musique, en effet, ne nous a paru contenir rien de semblable[1]. Mais, mon cher Glaucon, où donc rencontrer cette science? Ce ne sont point les arts mécaniques; de ton aveu, ils sont trop bas pour cela. — Sans contredit; cependant, si nous écartons la musique, la gymnastique et les arts, quelle autre science peut-il rester encore? — Si nous ne trouvons plus rien hors de là, prenons quelque science universelle. — Laquelle? — Celle qui est si commune, dont tous les arts et toutes les sciences font usage, et qu'il est nécessaire d'apprendre des premières. — Quelle est-elle? — Celle qui apprend à connaître ce que c'est qu'un, deux, trois; science vulgaire et facile. Je l'appelle en général la science des nombres et du calcul : n'est-il pas vrai qu'aucun art, aucune

ments, ils doivent répondre aux paroles; on bannira donc de l'Etat l'harmonie plaintive ou voluptueuse de la Lydie et de l'Ionie; on s'en tiendra aux accents énergiques et tranquilles de l'harmonie dorienne.

Le même esprit présidera à l'éducation du corps; la gymnastique sera donc mâle et simple; la nourriture, facile et sans apprêts délicats (*Rép.*, II et III).

1. Plus loin, page 80, la musique sera comptée parmi les sciences capables d'élever l'âme de la contemplation de ce qui naît à la contemplation de ce qui est. La contradiction n'est qu'apparente; ici la musique est prise dans un sens général; elle comprend tous les arts auxquels les Muses président; plus loin elle sera entendue comme science spéciale des nombres harmoniques.

science ne peut s'en passer [1]? — J'en conviens. — Ni l'art militaire, par conséquent? — Elle lui est absolument nécessaire.

— En vérité, Palamède [2], dans les tragédies, nous représente toujours Agamemnon comme un plaisant général. N'as-tu pas remarqué qu'il se vante d'avoir inventé les nombres, d'avoir donné le plan du camp devant Troie, et d'avoir fait le dénombrement des vaisseaux et de tout le reste, comme s'il eût été impossible avant lui de compter tout cela, et qu'Agamemnon ne sût pas même combien il avait de pieds, puisqu'à l'en croire, il ne savait pas compter? Quelle idée voudrais-tu qu'on eût d'un pareil général? — Une idée très-désavantageuse, si la chose était vraie. — Est-il, à ton avis, une science plus nécessaire au guerrier que celle des nombres et du calcul? — Elle lui est indispensable, s'il veut entendre quelque chose à l'ordonnance d'une armée, ou plutôt s'il veut être homme. — Partages-tu la même idée que moi au sujet de cette science? — Quelle idée? — Il me semble qu'elle a l'avantage que nous cherchons, celui d'élever l'âme à la pure intelligence, et de l'amener à la contemplation de ce qui est; mais personne ne sait s'en servir comme il faut. — Je n'entends pas.

— Je vais tâcher de t'expliquer ce que je pense. A mesure que je vais distinguer les choses que je crois propres à élever l'âme de celles qui ne le sont pas, considère successivement le même objet que moi; puis accorde ou nie, selon que tu le jugeras à propos; nous verrons mieux par là si la chose est telle que je l'imagine. — Parle. — Vois s'il n'est pas vrai que, parmi les choses sensibles, les unes n'invitent nullement l'entendement à y porter son attention, parce que les sens en sont juges compétents; tandis que les autres obligent l'entendement à réfléchir, parce que les sens n'en sauraient porter un

1. La science des nombres est la science des propriétés des nombres; les anciens, comme on peut le voir par l'ouvrage de Théon de Smyrne sur l'*Utilité des mathématiques pour la lecture de Platon*, connaissaient beaucoup de ces propriétés; ils avaient divisé les nombres en premiers absolument et non composés, premiers entre eux, et composés. Le calcul (λογιστική, *computandi peritia*) est l'art de combiner les nombres.

2. Personnage de tragédie.

jugement sain. — Tu parles sans doute des objets aperçus dans le lointain et des esquisses? — Tu n'as pas bien compris ce que je veux dire. — De quoi veux-tu donc parler? — Par les objets qui n'invitent pas l'âme à la réflexion, j'entends ceux qui n'excitent point en même temps deux sensations contraires; et par objets qui invitent l'âme à réfléchir, j'entends ceux qui font naître deux sensations opposées, lorsque le rapport des sens ne dit pas plutôt que c'est telle chose que telle autre chose opposée, soit que l'objet frappe les sens de près ou de loin. Pour te faire mieux comprendre ma pensée, voilà trois doigts : le petit, le suivant et celui du milieu. — Fort bien. — Conçois que je les suppose vus de près; puis fais avec moi cette observation. — Quelle observation? — Chacun d'eux nous paraît également un doigt; peu importe à cet égard qu'on le voie au milieu ou à l'extrémité, blanc ou noir, gros ou menu, et ainsi du reste. Rien de tout cela n'oblige l'âme à demander à l'entendement ce que c'est qu'un doigt; car jamais la vue n'a témoigné en même temps qu'un doigt fût autre chose qu'un doigt. — Non sans doute. — J'ai donc raison de dire qu'en ce cas rien n'excite ni ne réveille l'entendement. — Oui [1].

— Mais quoi! la vue juge-t-elle comme il faut de la grandeur ou de la petitesse de ces doigts? Lui est-il indifférent, pour en bien juger, que l'un d'eux soit au milieu ou à l'extrémité? J'en dis autant de la grosseur et de la finesse, de la mollesse et de la dureté au toucher. En général, le rapport des sens sur tous ces points est-il bien exact? N'est-ce pas ceci plutôt que fait chacun d'eux? Le sens destiné à juger de ce qui est dur ne peut le faire qu'après avoir jugé de ce qui est mou, et il rapporte à l'âme que le corps qui l'affecte est en même temps dur et mou. — Cela est ainsi. — N'est-il pas inévitable alors que l'âme soit embarrassée de ce rapport du toucher qui lui dit que la même chose est dure et molle? La sensation de la pesanteur et de la légèreté ne jette-t-elle point aussi l'âme dans de pareilles incertitudes sur la nature

1. Il semblerait résulter de ce passage qu'il n'y a pas de doigt *en soi*, d'*idée* du doigt, puisque les sens sont juges suffisants de ce qu'est le doigt.

de la pesanteur et de la légèreté, lorsque la même sensation lui dit que le même corps est pesant ou léger? — De pareils témoignages doivent sembler bien étranges à l'âme, et demandent un sérieux examen de sa part. — Ce n'est donc pas sans raison que l'âme, appelant alors à son secours l'entendement et la réflexion, tâche d'examiner si chacun de ces témoignages porte sur une seule chose ou sur deux. Non sans doute. — Et si elle juge que ce sont deux choses, chacune d'elles lui paraîtra une et distincte de l'autre. — Oui. — Si donc chacune d'elles lui paraît une, et l'une et l'autre deux, elle les concevra toutes deux à part; car si elle les concevait comme n'étant pas séparées, ce ne serait plus la conception de deux choses, mais d'une seule. — Fort bien.

— La vue, disions-nous, aperçoit la grandeur et la petitesse, non comme deux choses séparées, mais comme des choses confondues ensemble : n'est-ce pas? — Oui. — Et pour démêler cette sensation confuse, l'entendement, faisant le contraire de la vue, est contraint de considérer la grandeur et la petitesse non plus confondues, mais distinctes l'une de l'autre. — Cela est vrai. — Ainsi, voilà ce qui nous fait naître la pensée de nous demander à nous-mêmes ce que c'est que grandeur et petitesse. — Oui. — C'est aussi pour cela que nous avons distingué quelque chose de visible et quelque chose d'intelligible. — Fort bien. — Voilà ce que je voulais te faire entendre lorsque je disais que, parmi les objets sensibles, les uns excitent l'âme à la réflexion, désignant par là ceux qui produisent à la fois deux sensations contraires; les autres n'invitent point l'esprit à réfléchir, parce qu'ils ne font naître qu'une sensation. — Je comprends à présent, et je pense comme toi [1].

— En laquelle de ces deux classes ranges-tu le nombre et l'unité [2]? — Je n'en sais rien. — Juges-en par ce que nous venons de dire. Si nous obtenons une connaissance suffisante de l'unité par la vue ou par quelque

1. V. l'*Introd. génér.*, pag. XI.

2. *Le nombre et l'unité*... Un nombre est un système d'unités, un multiple qui vient de l'unité par addition progressive, et qui revient à l'unité par soustraction progressive. L'unité n'est pas le nombre, mais elle est le principe, le commencement, l'élément de tous les nombres.

autre sens, cette connaissance ne saurait nous diriger vers la contemplation de l'essence, comme nous disions tout à l'heure du doigt. Mais si la vue nous offre toujours dans l'unité quelque contradiction, de sorte qu'elle ne nous paraît pas plus une unité qu'un assemblage d'unités, il est alors besoin d'un juge qui décide; l'âme, embarrassée, réveille en elle l'entendement, et se trouve contrainte de faire des recherches, et de se demander à elle-même ce que c'est que l'unité. C'est dans ce cas que la connaissance de l'unité est une de celles qui élèvent l'âme, et la tournent vers la contemplation de l'être. — Mais la vue de l'unité produit en nous l'effet dont tu parles; car nous voyons en même temps la même chose une et multiple jusqu'à l'infini. — Ce qui arrive à l'unité n'arrive-t-il pas aussi à tout nombre, quel qu'il soit? — Sans doute. — Or, l'arithmétique et la science du calcul ont pour objet le nombre. — Oui. — Elles conduisent par conséquent l'une et l'autre à la connaissance de la vérité. — Parfaitement bien.

— Voilà donc déjà deux des sciences que nous cherchons. En effet, elles sont nécessaires au guerrier pour bien disposer une armée; au philosophe, pour sortir de ce qui naît et meurt, et pour s'élever jusqu'à l'essence même des choses; car il n'y aurait jamais sans cela de vrai arithméticien. — Tu as raison. — Mais celui à qui nous confions la garde de notre Etat est tout à la fois guerrier et philosophe. — Oui. — Faisons donc une loi à ceux qui sont destinés chez nous à remplir les premières places de s'appliquer à la science du calcul, de l'étudier, non pas superficiellement, mais jusqu'à ce que, par le moyen de la pure intelligence, ils soient parvenus à connaître l'essence des nombres; non pour faire servir cette science, comme les marchands et les négociants, aux ventes et aux achats, mais pour l'appliquer aux besoins de la guerre, et faciliter à l'âme la route qui doit la conduire de la sphère des choses périssables à la contemplation de la vérité et de l'être [1]. — Fort bien.

1. Platon, on le voit, n'identifiait pas, comme on l'a prétendu parfois, les *nombres* et les *idées* : les nombres sont intermédiaires entre les choses sensibles et les essences. (V. l'*Introd. génér.*, page XV, sq.)

— J'aperçois maintenant combien cette science du calcul est belle en soi, et combien elle est utile au dessein que nous nous proposons, lorsqu'on l'étudie pour elle-même, et non pour en faire un négoce. — Qu'admires-tu donc si fort en elle? — La vertu qu'elle a d'élever l'âme, ainsi que nous venons de le dire, en l'obligeant à raisonner sur les nombres tels qu'ils sont en eux-mêmes, sans jamais souffrir que ses calculs roulent sur des nombres visibles et palpables [1]. Tu sais sans doute ce que font ceux qui sont versés dans cette science. Si tu essayes en leur présence de diviser l'unité proprement dite, ils se moquent de toi, et ne t'écoutent pas; mais, si tu la divises, ils la multiplient d'autant, craignant que l'unité ne paraisse point ce qu'elle est, c'est-à-dire une, mais un assemblage de parties. — Tu as raison. — Et si on leur demande : « De quel nombre parlez-vous? Où sont ces unités telles que vous les supposez, parfaitement égales entre elles, sans qu'il y ait la moindre différence, et qui ne sont point composées de parties? » Mon cher Glaucon, que crois-tu qu'ils répondent? — Je crois qu'ils répondraient qu'ils parlent de ces nombres qui ne tombent pas sous les sens, et qu'on ne peut saisir autrement que par la pensée [2]. — Ainsi tu vois, mon cher ami, que nous ne pouvons absolument nous passer de cette science, puisqu'il est évident qu'elle oblige l'âme à se servir de l'entendement pour connaître la vérité. — Il est certain qu'elle est merveilleusement propre à produire cet effet. — As-tu aussi observé que ceux qui sont nés calculateurs, ayant l'esprit de combinaison, ont beaucoup de facilité pour presque toutes les sciences, et que même les esprits pe-

1. Le calculateur se sert de nombres visibles et palpables, mais il ne les considère que comme les images des nombres eux-mêmes.

2. L'unité est le principe du nombre ; elle est indivisible. Voici comment Théon de Smyrne le prouve : « Si dans les choses sensibles nous divisons l'un en parties, l'un devient multiple, jusqu'à ce que par la soustraction successive des parties on retombe sur l'un. Si nous divisions encore ce nouvel un en parties, ces parties reformeront encore un multiple qui reviendra à l'unité par le retranchement successif de chacune de ses parties. Ainsi l'un en tant qu'un, est indivisible et ne peut être partagé. » (*De l'utilité des mat. pour la lect. de Plat.*)

sants, lorsqu'ils se sont exercés et rompus au calcul, en retirent au moins cet avantage d'acquérir plus de facilité et de pénétration? — La chose est ainsi. — Au reste, il te serait difficile de trouver beaucoup de sciences qui coûtent plus à apprendre et à approfondir que celle-là. — Je le crois. — Ainsi, par toutes ces raisons, nous ne devons pas la négliger; mais il faut y appliquer de bonne heure ceux qui seront nés avec un excellent naturel. — J'y consens.

— Nous l'adoptons donc. Voyons si cette autre science qui s'y rattache nous convient ou non. — Quelle est-elle? ne serait-ce point la géométrie? — Elle-même. — Il est évident qu'elle nous convient, du moins en tant qu'elle a rapport aux opérations de la guerre : car, toutes choses égales, un géomètre s'entendra mieux qu'un autre à asseoir un camp, à prendre des places fortes, à resserrer ou à étendre une armée, et à lui faire faire toutes les évolutions qui sont d'usage dans une action ou dans une marche [1]. — A te dire, vrai il n'est pas besoin pour cela de beaucoup de géométrie et de calcul. Il faut voir si la plus haute partie de cette science tend à rendre plus facile à l'esprit la contemplation de l'idée du bien [2]. Car c'est, disons-nous, le résultat des sciences qui obligent l'âme à se tourner vers le lieu où est cet être le plus heureux de tous les êtres, que l'âme doit s'efforcer de contempler de toute manière. — Tu as raison. — Si donc la géométrie porte l'âme à contempler l'essence des choses, elle nous convient; si elle s'arrête à leurs accidents, elle ne nous convient pas. — Sans doute. — Or, aucun de ceux qui ont la moindre teinture de géométrie ne nous contestera que le but de cette science est directement contraire au langage que tiennent ceux qui la traitent. — Comment cela? — Leur langage est fort plaisant, quoiqu'ils ne puissent s'empêcher d'en user. Ils parlent de *carrer*, de *prolonger*, d'*ajouter*, et ainsi du reste, comme s'ils opéraient réellement, et que toutes

1. Il s'agit ici des applications de la géométrie entendue au sens ordinaire du mot : mesure de l'étendue.

2. Cette partie la plus haute de la géométrie ne doit pas s'entendre de la science de l'étendue, abstraction faite des applications pratiques; c'est toute autre chose, comme nous le démontrerons plus loin. — Note 1 de la page 76.

leurs démonstrations tendissent à la pratique; tandis que cette science n'a, tout entière, d'autre objet que la connaissance[1]. — Cela est vrai. — Conviens encore d'une chose. — De quoi? — Qu'elle a pour objet la connaissance de ce qui est toujours, et non ce qui naît et périt. — Je n'ai pas de peine à en convenir; car la géométrie a pour objet la connaissance de ce qui est toujours. — Par conséquent elle attire l'âme vers la vérité, elle forme en elle l'esprit philosophique, en l'obligeant à porter en haut ses regards, au lieu de les abaisser, comme on le fait, sur les choses d'ici-bas. — Rien n'est plus certain. — Nous ordonnerons donc très-expressément aux citoyens de notre Etat de ne point négliger l'étude de la géométrie; d'autant plus qu'outre cet avantage principal, elle en a encore d'autres qui ne sont pas à mépriser. — Quels sont-ils? — D'abord ceux dont tu as parlé, et qui regardent la guerre. De plus elle donne à l'esprit de la facilité pour les autres sciences; aussi voyons-nous qu'il y a à cet égard une différence du tout au tout entre celui qui est versé dans la géométrie et celui qui ne l'est point. — La différence est très-grande en effet. — Nous ferons donc apprendre encore cette science à nos jeunes élèves. — Je le veux bien.

— L'astronomie sera-t-elle la troisième science? Que t'en semble? — J'en suis fort d'avis; d'autant plus qu'il n'est pas moins nécessaire au guerrier, qu'au laboureur et au pilote, d'avoir une exacte connaissance des saisons, des mois et des années. — Tu es vraiment trop bon. Il semble que tu craignes que le vulgaire ne te reproche de faire entrer des sciences inutiles dans ton plan d'éducation. Les sciences dont nous parlons ont un avantage considérable, mais que peu de gens sauront apprécier : c'est de purifier, de ranimer un organe de l'âme éteint et aveuglé par les autres occupations de la vie; organe dont la conservation nous importe mille fois plus que celle des yeux du corps, puisque c'est par lui seul qu'on aperçoit la vérité. Quand tu diras cela, ceux qui pensent

1. Pour Platon, la géométrie n'est pas la science des figures décrites dans l'espace. V. note 1 de la page 76.

comme nous sur ce point t'applaudiront; mais ne t'attends pas au suffrage de ceux qui n'ont jamais fait ces réflexions, et qui ne voient dans ces sciences d'autre utilité que celle dont tu as parlé. Or, vois à présent pour qui tu parles. A moins que ce ne soit ni pour les uns ni pour les autres, mais pour toi-même que tu raisonnes, bien que tu sois dans la disposition de ne point envier aux autres l'utilité qu'ils pourraient retirer de tes paroles. — Il est vrai que c'est principalement pour moi que j'aime à interroger et à répondre.

— S'il en est ainsi, revenons sur nos pas, car nous n'avons pas pris la science qui suit immédiatement la géométrie. — Comment avons-nous donc fait? — Des surfaces nous avons passé aux solides en mouvement, avant de nous occuper des solides en eux-mêmes. L'ordre exigeait qu'après ce qui est composé de deux dimensions, nous prissions les solides, qui en ont trois, c'est-à-dire le cube et tout ce qui a de la profondeur [1].

1. Tout ce passage a besoin de commentaire; pour le comprendre, il faut d'abord le rapprocher de ce passage de l'*Epinomis :* « Après cette science (la science des nombres), il s'en présentera une autre qu'on a appelée fort ridiculement géométrie, et qui est proprement *la science de rendre commensurables, en les rapportant à des surfaces, des nombres qui sans cela n'auraient pas de commune mesure*, ce qui paraîtra une merveille non humaine, mais vraiment divine à quiconque pourra la concevoir. Vient ensuite la science qui, par une méthode semblable, *en multipliant trois nombres les uns par les autres, s'élève* au solide ou redescend du solide au nombre linéaire : ceux qui la possèdent lui ont aussi donné le nom de géométrie. » — La première des sciences énumérées dans ce passage est celle que dans la *République* Platon appelle géométrie à deux dimensions, et la troisième celle qu'il nomme géométrie à trois dimensions; faut-il entendre par la première l'étude des surfaces pour elles-mêmes, et par la seconde l'étude des solides pour eux-mêmes; s'il en était ainsi, on ne comprendrait pas que Platon déclarât qu'il n'a presque « encore été fait aucune découverte en ce genre » ; les anciens connaissaient un grand nombre de propriétés des solides. Le passage de l'*Epinomis* que nous venons de citer nous met sur la voie de l'explication véritable. *La géométrie à deux dimensions consiste à rendre commensurables, en les rapportent à des surfaces, des nombres qui sans cela n'auraient pas de commune mesure.* Eclaircissons cette définition par un exemple. Il est des nombres qui n'ont pas de commune mesure, par exemple ceux qui sont contenus dans la proportion $1 : \sqrt{2} : 2$, car il est impossible de construire *arithmétiquement* $\sqrt{2}$; mais en rapportant ces nombres à des lignes, on les rend commensurables;

— Cela est vrai. Mais il me semble, Socrate, qu'on n'a encore fait en ce genre aucune découverte? — Cela vient de deux causes. La première est qu'aucun Etat ne fait assez de cas de ces découvertes, et qu'on y travaille faiblement parce qu'elles sont pénibles. La seconde est que ceux qui s'y appliquent auraient besoin d'un guide, sans lequel leurs recherches seront inutiles. Or, il est difficile d'en trouver un bon; et quand on en trouverait un, dans l'état présent des choses, ceux qui s'occupent de ces recherches ont trop de présomption pour vouloir lui obéir. Mais si un Etat présidait à ces travaux, et qu'il en fît quelque estime, les individus se prêteraient à ses vues, et, grâce à des efforts concertés et soutenus, on ne tarderait pas à découvrir la vérité; puisque aujourd'hui même, malgré le mépris qu'on fait de cette science, et quoique le petit nombre de ceux qui s'y livrent n'en comprennent pas toute l'utilité, néanmoins la seule force

ainsi dans un carré dont le côté est égal à 1, la diagonale est égale à $\sqrt{2}$. La géométrie à deux dimensions est donc pour Platon une province de la science des nombres; c'est la science qui permet d'effectuer à l'aide de la règle et du compas certaines opérations impossibles avec les seules ressources de l'arithmétique.

Que sera maintenant la géométrie à trois dimensions? Une autre province de la science des nombres. Soit la proportion $1 : \sqrt[3]{2} : \sqrt[3]{4} : 2$; on ne peut la construire arithmétiquement. Mais ne peut-on pas la construire géométriquement comme on a construit $\sqrt{2}$? Platon conçoit la possibilité d'une telle science, et c'est cette science qu'il appelle géométrie à trois dimensions. Cette dénomination est exacte; en effet, le problème a été ramené par les modernes à l'intersection de courbes du deuxième degré.

Le problème de la duplication du cube, construire un cube double d'un cube donné, qui a tant préoccupé les mathématiciens de l'antiquité, était de cette espèce; sa solution rentre dans la géométrie à trois dimensions de Platon. — Platon croyait que cette science, à peine née de son temps, est susceptible d'accroissements considérables, et il ne négligeait rien de ce qui pouvait engager ses contemporains à y travailler. «Eratosthène, dit Théon de Smyrne, raconte ce qui suit dans son livre intitulé *le Platonicien:* « L'oracle du dieu avait ordonné aux Déliens de construire un autel double d'un autel existant. Les architectes furent grandement embarrassés pour faire un solide double d'un autre solide; ils vinrent interroger Platon à ce sujet. Il leur dit que si le dieu avait fait une telle réponse aux Déliens, ce n'était pas qu'il eût besoin d'un autel double, mais qu'il voulait reprocher aux Hellènes de négliger les mathématiques. »

du charme qu'elle exerce triomphe de tous les obstacles, et chaque jour elle fait de nouveaux progrès. Il n'est donc point étonnant qu'elle soit arrivée au point où nous la voyons. — Je conviens qu'il n'est point d'étude plus attrayante que celle-là. Mais explique-moi, je te prie, ce que tu disais tout à l'heure. Tu mettrais d'abord la géométrie ou la science des surfaces? — Oui. — Et l'astronomie immédiatement après. Ensuite tu es revenu sur tes pas. — C'est qu'en voulant trop me hâter, je recule au lieu d'avancer. Je devais, après la géométrie, parler de la formation des solides; mais, voyant qu'on n'a encore rien découvert sur cette matière, je l'ai laissée de côté pour passer à l'astronomie, c'est-à-dire aux solides en mouvement. — Fort bien. — Mettons donc l'astronomie à la quatrième place, en supposant la science des solides découverte du moment qu'un Etat s'en occupera. — C'est en effet très-probable. Mais comme tu m'as reproché d'avoir fait un éloge maladroit de l'astronomie, je vais la louer d'une manière conforme à tes idées. Il est, ce me semble, évident pour tout le monde qu'elle oblige l'âme à regarder en haut, et à passer des choses de la terre à la contemplation de celles du ciel. — Cela est peut-être évident pour tout autre que pour moi, car je n'en juge pas tout à fait de même. — Comment en juges-tu? — Je pense que de la manière dont l'étudient ceux qui l'érigent en philosophie, elle fait regarder en bas. — Que veux-tu dire?

— Il me semble que tu te formes une idée bien singulière de ce que j'appelle la connaissance des choses d'en haut. Tu crois donc que si quelqu'un distinguait quelque chose en considérant de bas en haut les ornements d'un plafond, il regarderait des yeux de l'âme et non de ceux du corps? Peut-être as-tu raison et me trompé-je grossièrement. Pour moi, je ne puis reconnaître d'autre science qui fasse regarder l'âme en haut que celle qui a pour objet ce qui est et ce qu'on ne voit pas, acquît-on cette science en regardant en haut, la bouche béante, ou en baissant la tête et fermant à demi les yeux; tandis que si quelqu'un regarde en haut, la bouche béante, pour apprendre quelque chose de sensible, je ne dirai même pas qu'il apprend quelque chose, parce que rien de sensible n'est l'objet de la science; ni que son âme regarde en haut, mais en bas, quand même il serait couché à la renverse sur la terre ou sur la mer. — Tu as raison de me reprendre : je n'ai que ce que je mérite. Mais dis-moi ce que tu blâmes dans la manière dont on étudie aujourd'hui l'astronomie, et quel changement il faudrait y faire pour la rendre utile à notre dessein. — Le voici. Qu'on admire la beauté et l'ordre des astres dont le ciel est orné, rien de mieux; mais comme, après tout, ce sont des objets sensibles, je veux qu'on mette leur beauté fort au-dessous de la beauté véritable que produisent la vitesse et la lenteur réelles dans leurs rapports mutuels et dans les mouvements qu'ils communiquent aux astres, selon le vrai nombre et toutes les vraies figures. Or, ces choses échappent à la vue, et ne peuvent se saisir que par l'entendement et la pensée : crois-tu le contraire? — Nullement.

— Je veux donc que la beauté du ciel visible ne soit que l'image du ciel intelligible, et nous serve comme serviraient à un géomètre des figures exécutées par Dédale, ou par tout autre sculpteur ou peintre. Il ne pourrait s'empêcher de les regarder comme des chefs-d'œuvre d'art; mais il croirait en même temps que ce serait une chose ridicule de les étudier sérieusement, dans l'espérance d'y découvrir la vérité touchant le rapport d'égalité, celui du tout à sa moitié, ou quelque autre rapport que ce soit. — Aurait-il tort de trouver cela ridicule? — Le véritable astronome n'aura-t-il pas la même pensée en considérant les révolutions célestes? Il croira sans doute que celui qui a fait le ciel a donné à son ouvrage la beauté que l'artiste humain a donnée au sien. Mais n'es-tu pas persuadé qu'il prendra pour une extravagance de s'imaginer que les rapports du jour à la nuit, des jours au mois, des mois aux années, enfin des révolutions des astres entre elles ou avec celles du soleil, soient toujours les mêmes et ne changent jamais, lorsqu'il ne s'agit que de phénomènes matériels et visibles, et de chercher par tous les moyens à découvrir la vérité même en tout cela? — A présent que je t'entends, la chose me semble ainsi. — Nous nous servirons donc des astres dans l'étude de l'astronomie, comme on se sert des figures en géométrie, sans nous arrêter à ce qui se passe dans le ciel, si nous voulons devenir de vrais astronomes, et tirer quelque utilité de la partie intelligente de notre âme, qui sans cela nous sera inutile. — Tu rends par là l'étude de l'astronomie beaucoup plus difficile qu'elle ne l'est aujourd'hui[1]. — Je pense que nous prescrivons la même méthode à l'égard des autres sciences; autrement, de quel avantage seraient nos lois? Mais pourrais-tu me rappeler encore quelque science qui puisse servir à notre dessein? — Il ne m'en vient maintenant aucune à l'esprit.

— Cependant le mouvement, à ce qu'il me semble, ne présente pas qu'une seule forme; il en a plusieurs. Un savant pourrait peut-être les nommer toutes; pour nous, nous ne nommerons que les deux que nous connaissons. — Quelles sont-elles? — L'astronomie est la première; l'autre est celle qui lui répond. — Quelle est cette autre? — Il semble que les oreilles ont été faites pour les mouvements harmoniques, comme les yeux pour les mouvements astronomiques; et que ces deux sciences, l'astronomie et la musique, sont sœurs, disent les pythagoriciens, et nous après eux : n'est-ce pas? — Oui. — Comme la question est grave, nous adopterons leur opinion sur ce point, et sur d'autres en-

1. L'astronomie, telle que Platon l'entend, n'a pas pour objet le ciel visible, mais un ciel idéal saisi par l'entendement. C'est, déclare-t-il, une extravagance de s'imaginer que les rapports du jour à la nuit, des jours aux mois, etc., sont parfaitement réguliers; il entend parler alors du ciel visible; il admet des erreurs de la nature. L'astronomie ancienne rencontrait des irrégularités dans les jours, les mois, les années, les révolutions des astres; la foi dans la science n'en était pas ébranlée; on croyait que scientifiquement toutes les révolutions devaient être régulières; mais on admettait que, par suite de l'imperfection de la nature, certaines infractions à la loi se produisaient, et on tenait ces infractions pour des accidents matériels, indignes d'être un objet de science. — La science moderne distingue le ciel astronomique du ciel apparent; Platon, en parlant de la véritable astronomie, a-t-il en vue le ciel astronomique des modernes? Non, car ce ciel astronomique est lui-même composé de corps, et, dans la doctrine platonicienne, tout ce qui a un corps est imparfait. Ce que Platon appelle le ciel idéal, c'est un ciel mathématique, c'est-à-dire un système de mouvements tels qu'ils doivent résulter des données du calcul, et abstraction faite des inexactitudes qui tiendraient à l'imperfection irrémédiable des choses sensibles. L'astronomie véritable devient ainsi, comme la science des dimensions de l'étendue, une province de la science des nombres.

core, s'il y a lieu, en observant néanmoins avec soin notre maxime. — Quelle maxime? — De veiller à ce qu'on ne fasse point faire à nos élèves d'études en ce genre qui demeureraient imparfaites et n'aboutiraient pas au terme où doivent aboutir toutes nos connaissances, comme nous le disions tout à l'heure au sujet de l'astronomie. Ne sais-tu pas que la musique, aujourd'hui, n'est pas mieux traitée que sa sœur? On borne cette science à la mesure des tons et des accords sensibles : travail aussi inutile que celui des astronomes.

Il est vrai que rien n'est plus plaisant. Nos musiciens parlent sans cesse de nuances diatoniques[1]; ils tendent l'oreille, comme pour surprendre les sons au passage : les uns disent qu'ils entendent un son mitoyen entre deux tons, et que ce son est le plus petit intervalle qui les sépare; les autres soutiennent, au contraire, que ces deux tons sont parfaitement semblables; tous préfèrent le jugement de l'oreille à celui de l'esprit[2]. — Tu parles de ces braves musiciens qui ne laissent aucun repos aux cordes, qui les mettent à la question et les tourmentent

1. Que faut-il entendre par ces *nuances diatoniques*? La lyre des anciens comprenait un certain nombre de tétracordes. Chaque tétracorde contenait deux cordes *fixes* et deux cordes *mobiles*; les cordes fixes, qui étaient extrêmes, donnaient deux notes *immuables*; les cordes mobiles, qui étaient intermédiaires, donnaient deux notes *mobiles*. Le tétracorde était accordé de telle façon que l'intervalle de la note la plus haute à la première note intermédiaire fût d'un ton, que l'intervalle de la première note intermédiaire à la seconde fût aussi d'un ton, et que l'intervalle de la seconde note mobile à la deuxième note immuable fût d'un demi-ton. Les *nuances* se produisaient lorsqu'on faisait varier les deux notes mobiles en allongeant ou en raccourcissant les deux cordes mobiles.

2. Platon distingue une musique sensible et une musique intelligible. Dans un cas comme dans l'autre, il s'agit de trouver une commune mesure entre les sons musicaux. Ceux qui cherchent cette commune mesure avec l'oreille pensent la trouver; ils pensent pouvoir découvrir par le sens de l'ouïe le plus petit intervalle qui sépare deux sons musicaux. Platon les raille de préférer le jugement des sens à celui de l'esprit. En effet, si l'on représente l'octave, la quinte, la quarte, le ton, le demi-ton, par les nombres qui les expriment, on ne tarde pas à s'apercevoir que ce plus petit intervalle n'existe pas. Les vrais musiciens cherchent de quels nombres résultent les accords qui frappent l'oreille. Ainsi entendue, la musique est, comme l'astronomie et la géométrie, une province de la science des nombres.

au moyen des chevilles. — Je pourrais pousser plus loin cette description, parler des coups d'archet qu'ils leur donnent, et des accusations dont ils les chargent sur leur obstination à refuser certains sons ou à en donner qu'on ne leur demande pas. Mais je la laisse, et je déclare que ce n'est point d'eux que je veux parler, mais de ceux que nous nous sommes proposé d'interroger sur l'harmonie. Ceux-ci, du moins, font la même chose que les astronomes : il cherchent de quels nombres résultent les accords qui frappent l'oreille ; mais ils ne vont pas jusqu'à ne voir dans ces accords qu'un moyen pour découvrir quels sont les nombres harmoniques et ceux qui ne le sont pas, ni d'où vient entre eux cette différence. — Cette recherche serait vraiment sublime. — Elle conduit à la découverte du beau et du bon ; mais, si l'on s'y livre dans un autre but, elle ne servira de rien. — Je le crois[1].

— Je pense en effet que si l'étude de toutes les sciences dont nous venons de parler avait pour but de faire connaître les rapports intimes et généraux qu'elles ont entre elles, cette étude alors serait d'un grand secours pour la fin que nous nous proposons, sinon il ne vaudrait pas la peine qu'on s'y livrât. — Je suis de ton sentiment ; mais, Socrate, ce travail sera bien long et bien pénible. — Que veux-tu dire ? Ce n'est encore là que le prélude. Ne sais-tu pas que tout ceci n'est qu'une sorte de prélude de l'air qu'il nous faut apprendre ? En effet, tous ceux qui sont versés dans ces sciences sont-ils dialecticiens, à ton avis[2] ? — Non, certes : je n'en ai trouvé qu'un très-petit nombre. — Mais quoi ! si l'on n'est pas en état de donner ou d'entendre la raison de chaque chose, crois-tu qu'on puisse jamais bien connaître ce que nous avons dit qu'il fallait savoir ? — Je ne le crois pas.

—Nous voilà enfin parvenus, mon cher Glaucon, à l'air

1. Toutes ces sciences préparatoires, géométrie à deux et à trois dimensions, astronomie, musique, qui reviennent en dernière analyse à la science des nombres, n'ont de valeur que si elles sont le prélude de la dialectique, c'est-à-dire si elles habituent l'esprit à réfléchir en se passant du secours des choses sensibles.

2. Sur la dialectique, voir l'*Introd. génér.*, p. V, sq.

même dont je viens de parler, c'est-à-dire à la dialectique [1]. Cette science, toute spirituelle qu'elle est [2], peut être représentée par l'organe de la vue, qui, comme nous l'avons montré, s'élève graduellement du spectacle des animaux à celui des astres, et enfin à la contemplation du soleil même [3]. Ainsi celui qui s'applique à la dialectique, s'interdisant absolument l'usage des sens, s'élève par la raison seule jusqu'à l'essence des choses; et s'il continue ses recherches jusqu'à ce qu'il ait saisi par la pensée l'essence du bien, il est arrivé au terme des connaissances intelligibles, comme celui qui voit le soleil est parvenu au terme de la connaissance des choses visibles [4]. — Cela est vrai. — N'est-ce pas là ce que tu appelles la marche dialectique [5]? — Sans doute. — Rappelle-toi l'homme de la caverne : il commence par être délivré de ses chaînes; puis, laissant les ombres, il se tourne vers les figures artificielles et vers le feu qui les éclaire. Enfin il sort de ce lieu souterrain pour s'élever jusqu'aux lieux qu'éclaire le soleil; et parce que ses yeux faibles et éblouis ne peuvent se porter d'abord ni sur les animaux, ni sur les plantes, ni sur le soleil, il a recours à leurs images peintes à la surface des eaux et à leurs ombres; mais ces ombres appartiennent à des êtres réels, et non point à des objets artificiels comme dans la caverne, et elles ne sont

1. C'est là une preuve nouvelle que les *nombres* sont distincts des *idées;* mais la science des nombres est une préparation indispensable à la science des idées; la dialectique a pour objet la combinaison des éléments idéaux; la science des nombres a pour objet la combinaison des éléments numériques, l'un et le multiple.

2. La dialectique n'a pas besoin, comme la géométrie, l'astronomie et la musique, d'images sensibles; elle part des idées pures, procède par idées pures et aboutit à des idées pures.

3. Ces mots confirment l'interprétation que nous avons donnée plus haut de l'allégorie de la caverne; l'œil s'élève graduellement du spectacle des animaux à celui des astres, et enfin à la contemplation du soleil même; les animaux sont ici le symbole des idées, les astres, celui des éléments idéaux, et le soleil, celui du Bien, cause de l'union de ces éléments.

4. Sur la place du Bien dans la hiérarchie des Idées pures et sur son rôle, voir l'*Introd. génér.*, p. XXIX, et l'*Introd. au septième liv. de la Rép.*, p. 54.

5. Platon ne décrit ici que la première partie de la *marche dialectique*. Après avoir déterminé les éléments irréductibles du monde intelligible, il faut, avec ces seuls éléments, reconstruire le monde à priori; à la dialectique ascendante succède la dialectique descendante.

point formées par cette lumière que notre prisonnier prenait pour le soleil. L'étude des sciences dont nous avons parlé produit le même effet. Elle élève la partie la plus noble de l'âme jusqu'à la contemplation du plus excellent de tous les êtres, comme, dans l'autre cas, le plus perçant des organes du corps s'élève à la contemplation de ce qu'il y a de plus lumineux dans le monde matériel et visible.

— Je tombe d'accord sur ce que tu dis. Cependant, sous un certain jour, la chose me paraît difficile à admettre; sous un autre jour, elle me paraît difficile à rejeter. Mais, comme ce n'est pas la seule fois que nous parlerons de ce sujet, et que nous y reviendrons souvent dans la suite, supposons que cela est ainsi : venons maintenant à notre air, et étudions-le avec autant de soin que le prélude. Dis-nous donc en quoi consiste la dialectique, en combien d'espèces elle se divise, et par quels chemins on y parvient. Car il y a apparence que le terme où ces chemins aboutissent est le repos de l'âme et la fin de son voyage. — Tu ne pourrais point me suivre jusque-là, mon cher Glaucon : car, pour moi, la bonne volonté ne me manquerait pas; ce ne serait plus l'image du bien que je te ferais voir, mais le bien lui-même[1] : du moins c'est ma pensée. Au reste, que ce soit le bien lui-même ou non, ce n'est pas encore la question; mais ce qu'il s'agit de prouver, c'est qu'il existe quelque chose de semblable : n'est-ce pas? — Oui. — Et que la dialectique seule peut le découvrir à un esprit exercé dans les sciences qui servent de préparation à celle-là, la chose étant impossible par toute autre voie? — C'est bien là ce qu'il s'agit de prouver. — Au moins il est un point que personne ne nous contestera; c'est que cette méthode est la seule qui essaye de parvenir régulièrement à l'essence de chaque chose : car, d'abord, la plupart des arts ne s'occupent que des opinions des hommes et de leurs goûts, de production et de fabrication, ou même seulement de l'entretien des produits de

1. Au sixième livre, Socrate a montré à son interlocuteur une image du Bien; le Bien, a-t-il dit, est dans le monde intelligible ce que le soleil est dans le monde visible. Voir l'*Introd. au septième liv.*, p. 54.

la nature ou de l'art. Quant aux autres arts, tels que la géométrie et tous ceux du même ordre, qui, selon nous, ont quelque commerce avec ce qui est, nous voyons que la connaissance qu'ils ont de l'être ressemble à un songe; qu'il leur sera toujours impossible de le voir de cette vue claire qui distingue la veille du rêve, tant qu'ils ne s'élèveront pas au-dessus de leurs hypothèses, faute de pouvoir en rendre raison. Quel moyen en effet de donner le nom de science à des démonstrations fondées sur des principes incertains, et sur lesquels néanmoins portent les conclusions et propositions intermédiaires[1] ? — Il n'y a pas moyen.

— Il n'y a donc que la méthode dialectique, qui, laissant là les hypothèses, remonte au principe pour l'établir fermement, tire peu à peu l'œil de l'âme du bourbier où il est plongé, et l'élève en haut avec le secours et par le ministère des arts dont nous avons parlé[2]. Nous les avons appelés plusieurs fois du nom de sciences pour nous conformer à l'usage; mais il faudrait leur donner un autre nom qui tînt le milieu entre l'obscurité de l'opinion et l'évidence de la science : nous nous sommes servis plus haut du nom de connaissance raisonnée. Mais nous avons, ce me semble, des choses trop importantes à examiner pour nous arrêter à une dispute de noms. — Tu as raison. — Mon avis est donc que nous continuions d'appeler *science* la première et la plus parfaite manière de connaître, *connaissance raisonnée* la seconde, foi la troisième, *conjecture* la quatrième, comprenant les deux dernières sous le nom d'*opinion*, et les deux premières sous celui d'*intelligence :* de sorte que ce qui naît soit l'objet de l'opinion, et ce qui est, celui de l'intelligence; et que l'intelligence soit à l'opinion, la science à la foi, la connaissance raisonnée à la

1. Sur le caractère hypothétique des démonstrations mathématiques, voir l'*Introd. au septième liv. de la Rép.*, p. 53.

2. Il semble résulter de là qu'un passage brusque de la sensation à l'idée pure est impossible, et qu'il faut nécessairement traverser le nombre. Cette interprétation concorde avec ce passage de la Métaphysique d'Aristote, liv. I, chap. VI : « Entre les choses sensibles et les idées, Platon plaçait les nombres. » L'ordre de la pensée reproduit l'ordre même de la réalité.

conjecture, ce que l'essence est à ce qui naît[1]. Laissons pour le présent, mon cher Glaucon, l'examen des raisons qui fondent cette analogie, ainsi que la manière de diviser en deux espèces le genre d'objets qui tombe sous l'opinion, et celui qui appartient à l'intelligence, pour ne pas nous jeter dans les discussions plus longues que toutes celles dont nous sommes sortis. — Autant que j'ai pu te suivre, j'adhère à toutes les autres choses que tu as dites.

— N'appelles-tu pas dialecticien celui qui connaît la raison de l'essence de chaque chose? Et ne dis-tu pas d'un homme qu'il n'a pas l'intelligence d'une chose, lorsqu'il ne peut en rendre raison ni à lui-même ni aux autres? — Comment pourrais-je ne pas le dire? — Raisonnons de la même manière à l'égard du bien. Ne diras-tu pas d'un homme qui ne peut séparer par l'entendement l'idée du bien de toutes les autres, ni en donner une définition précise, ni vaincre toutes les objections comme un homme de cœur dans un combat, ni démontrer cette idée d'une façon réelle, en renversant tous les obstacles par un raisonnement irrésistible, encore un coup, ne diras-tu pas de lui qu'il ne connaît ni le bien par essence, ni aucun autre bien; que s'il saisit quelque fantôme de bien, ce n'est point par la science, mais par l'opinion qu'il le saisit; que sa vie se passe dans un profond sommeil accompagné de songes, et dont il ne se réveillera pas avant de descendre aux enfers pour y dormir d'un sommeil parfait? — Oui, certes, je le dirai. — Mais si tu te trouvais un jour chargé en effet de l'éducation de ces mêmes élèves que tu formes ici par manière de discours, tu ne les mettrais pas sans doute à la tête de l'État avec un plein pouvoir de disposer des plus grandes affaires, si leurs pensées étaient pour eux ce que sont en géométrie les lignes irrationnelles[2], et qu'ils ne pussent en rendre raison davantage? — Non assurément. — Tu leur prescriras donc de s'appliquer spécialement à la science d'interroger et de

1. Comparer avec le passage du sixième livre cité dans l'*Introd. au septième liv.*, p. 53.

2. Lignes incommensurables; par exemple, la diagonale d'un carré n'a pas de commune mesure avec le côté de ce carré.

répondre de la manière la plus savante possible[1]. — Oui, je le leur prescrirai avec toi. — Ainsi tu juges que la dialectique est, pour ainsi parler, le faîte et le comble des autres sciences, qu'il n'en est aucune qu'on doive placer au-dessus d'elle, et qu'elle ferme la série des sciences qu'il importe d'apprendre. — Oui.

— Il te reste par conséquent à désigner ceux à qui nous ferons part de ces sciences, et de quelle manière nous les leur enseignerons. — Cela est évident. — Te rappelles-tu quel est le caractère de ceux que nous avons choisis pour gouverner? — Oui. — Toi-même tu pensais que nous devions choisir des hommes de cette trempe, et qu'il fallait préférer ceux qui sont les plus fermes, les plus vaillants et, s'il se pouvait, les plus beaux; mais ces avantages corporels et la noblesse des sentiments ne leur suffisent pas : il faut encore qu'ils aient des dispositions convenables à l'éducation que nous voulons leur donner. — Quelles sont ces dispositions? — La sagacité nécessaire pour l'étude des sciences, et la facilité à apprendre; car l'âme est bien plus vite rebutée par les difficultés des sciences abstraites que par les difficultés de la gymnastique, parce que la peine n'est que pour elle seule et que le corps ne la partage point. — Cela est vrai. — Il faut de plus qu'ils aient de la mémoire, de la volonté, qu'ils aiment le travail, et toute espèce de travail sans distinction; autrement, comment crois-tu qu'ils consentent à allier ensemble tant d'exercices du corps, tant de réflexions et de travaux de l'esprit? — Jamais ils n'y consentiront, s'ils ne sont nés avec le plus heureux naturel[2].

— La faute que l'on commet aujourd'hui, et c'est elle qui a fait tant de tort à la philosophie, vient, comme nous l'avons dit plus haut, de ce qu'on n'a point assez d'égard à la dignité de cette science; elle n'est point

1. Cet art d'interroger et de répondre n'est que la partie extérieure de la dialectique. (Voir *Introd. génér.*, p. V.)

2. Au début du sixième livre, Platon a énuméré et décrit les qualités nécessaires au philosophe : un amour ardent de la science, le goût de la vérité, l'horreur du mensonge, la facilité à apprendre, la pénétration, la mémoire, le dédain des choses extérieures, duquel naissent la force, la tempérance, la mesure, la grâce, la grandeur d'âme.

faite pour des esprits bâtards, mais pour des âmes franches et vraies[1]. — Comment l'entends-tu? — D'abord, ceux qui veulent s'y appliquer doivent être à l'abri de tout reproche en ce qui concerne l'amour du travail. Il ne faut pas qu'ils soient en partie laborieux, en partie indolents, ce qui arrive lorsqu'un jeune homme, rempli d'ardeur pour le gymnase, pour la chasse, pour tous les exercices du corps, n'a d'ailleurs aucun goût pour tout ce qui est étude, conversations, recherches scientifiques, et craint ces sortes de travaux. J'en dis autant de celui qui est d'un caractère opposé. — Rien n'est plus vrai. — Ne mettrons-nous pas encore au rang des naturels imparfaits par rapport à l'étude de la vérité les âmes qui, détestant le mensonge volontaire, et ne pouvant le souffrir sans répugnance dans elles-mêmes, ni sans indignation dans les autres, n'ont pas la même horreur pour le mensonge involontaire, ne se déplaisent pas à leurs propres yeux lorsqu'elles sont convaincues d'ignorance et s'y vautrent avec la même complaisance qu'un pourceau dans la fange? — Oui, sans doute. — Il ne faut pas apporter une moindre attention à discerner les naturels francs d'avec les naturels bâtards, à l'égard de la tempérance, de la force, de la grandeur d'âme et des autres vertus. Faute de savoir les distinguer, les particuliers et les Etats commettent leurs intérêts, ceux-ci à des magistrats, ceux-là à des amis faibles et incapables. — Cela n'est que trop ordinaire.

— Prenons donc toutes nos mesures pour faire un bon choix; parce que, si nous n'appliquons à des études et à des exercices de cette importance que des sujets auxquels il ne manque rien, ni du côté du corps ni du côté de l'âme, la justice elle-même n'aura aucun re-

1. « La philosophie délaissée par ses propres enfants les voit remplacés par des enfants supposés qui la déshonorent et lui attirent ces reproches dont tu parlais; et de tous ceux qui la cultivent, les uns ne sont bons à rien, et la plupart sont des misérables... Des hommes de rien voyant la place vide, et éblouis par les noms distingués et les titres qui la décorent, quittent volontiers une profession obscure, où leurs petits talents avaient brillé peut-être avec quelque éclat, et se jettent entre les bras de la philosophie, semblables à ces criminels échappés de leur prison, qui vont se réfugier dans les temples. » (Liv. VI.)

proche à nous faire; notre Etat et nos lois se maintiendront : mais, si nous appliquons à ces travaux des sujets indignes, le contraire arrivera, et nous couvrirons la philosophie d'un ridicule encore plus grand. — Ce serait une tache honteuse pour nous. — Sans doute; mais je ne m'aperçois pas que j'apprête moi-même ici à rire à mes dépens. — En quoi donc? — J'oublie que tout ceci n'est qu'un projet en l'air, et je parle avec autant de véhémence que si la chose s'exécutait sous nos yeux [1]. Ce qui m'a si fort échauffé, c'est qu'en parlant j'ai jeté les yeux sur la philosophie, et, la voyant traitée avec le dernier mépris, je n'ai pu m'empêcher d'en témoigner mon indignation contre ceux qui l'outragent. — Ton auditeur ne trouve pas que tu aies dit rien de trop fort. — L'orateur n'en juge pas de même. Quoi qu'il en soit, n'oublions pas que notre premier choix tombait sur des vieillards, et qu'ici un pareil choix ne serait pas de saison : car il n'en faut pas croire Solon lorsqu'il dit qu'*un vieillard peut apprendre beaucoup de choses*. Il serait plutôt en état de courir : non, tous les grands travaux sont pour la jeunesse. — Cela est certain.

— C'est donc dès l'âge le plus tendre qu'il faut appliquer nos élèves à l'étude de l'arithmétique, de la géométrie et des autres sciences qui servent de préparation à la dialectique [2]; mais il faut bannir des formes de l'enseignement tout ce qui pourrait sentir la gêne et la contrainte. — Pour quelle raison? — Parce qu'un esprit libre ne doit rien apprendre en esclave. Que les exercices du corps soient forcés ou involontaires, le corps n'en tire pas pour cela moins d'avantage; mais les leçons qu'on fait entrer de force dans l'âme n'y demeurent pas. — Cela est vrai. — N'use donc pas de violence envers les enfants dans les leçons que tu leur donnes; fais plutôt en sorte qu'ils s'instruisent en jouant; par là tu

1. Platon croit pourtant à la possibilité de réaliser son Etat idéal. Voir l'*Introd. au septième liv.*, p. 48.

2. Il semble que Platon parle ici de l'arithmétique, de la géométrie, de l'astronomie et de la musique *sensibles*. Les sciences *intelligibles* ne seraient pas à la portée de tout jeunes esprits; mais la partie sensible des sciences les préparera à la partie intelligible, qui elle-même les préparera à la dialectique.

seras plus à portée de connaître les dispositions de chacun. — Ce que tu me dis me paraît très-sensé. — Te souvient-il aussi de ce que nous disions plus haut, qu'il fallait mener les enfants à la guerre sur des chevaux, les rendre spectateurs du combat, les approcher même de la mêlée, lorsqu'on le pourra sans danger, et leur faire en quelque sorte goûter du sang, comme on fait aux jeunes chiens de meute? — Je m'en souviens. — Tu mettras à part ceux qui auront montré plus de patience dans les travaux, plus de courage dans les dangers, et plus d'ardeur pour les sciences. — A quel âge? — Lorsqu'ils auront fini leurs cours d'exercices gymnastiques; car, pendant tout ce temps, qui sera de deux ou trois ans, il leur est impossible de faire autre chose, rien n'étant plus ennemi des sciences que la fatigue et le sommeil : d'ailleurs les exercices gymnastiques sont une épreuve à laquelle il est très-important de les soumettre. — Je le pense aussi.

— Après ce temps, lorsqu'ils auront atteint l'âge de vingt ans, tu accorderas à ceux que tu auras choisis des distinctions plus honorables, et tu leur présenteras dans leur ensemble les sciences qu'ils auront étudiées en détail pendant l'enfance, afin qu'ils s'accoutument à voir d'un coup d'œil d'ensemble les rapports que les sciences ont entre elles, et à connaître la nature de ce qui est. Cette méthode d'apprendre est la seule qui puisse affermir en eux les connaissances qu'ils auront acquises. — C'est aussi le moyen le plus sûr de distinguer l'esprit dialecticien de tout autre esprit; car celui qui sait rassembler les objets sous un seul point de vue est né pour la dialectique [1]; les autres n'y sont pas propres. — Je suis du même sentiment. — Après avoir remarqué avec soin

1. Considérées à part, l'arithmétique a pour objet les nombres, la géométrie les trois dimensions de l'espace, l'astronomie les solides en mouvement, et la musique les sons harmoniques. Il faut les étudier séparément dans le jeune âge pour en connaître le matériel; considérées dans leur ensemble, toutes ces sciences ont pour objet le nombre, et la considération des nombres est la préparation indispensable à la connaissance des idées; c'est pour cela que Platon recommande de présenter aux jeunes gens, à partir de la vingtième année, l'ensemble des sciences qu'ils ont dû étudier en détail dans leur enfance.

les meilleurs esprits dans ce genre, et ceux qui auront montré plus de constance et de fermeté soit dans l'étude des sciences, soit dans les travaux de la guerre, soit dans les autres épreuves prescrites, lorsqu'ils auront atteint l'âge de trente ans, tu les élèveras à de plus grands honneurs, et tu distingueras en les appliquant à la dialectique[1], ceux qui, sans s'aider de leurs yeux ni des autres sens, pourront, par la seule force de la vérité, s'élever jusqu'à la connaissance de l'être; et c'est ici, mon cher Glaucon, qu'il faut apporter les plus grandes précautions. — Pourquoi? — As-tu fait attention au grand mal qui règne de nos jours dans la dialectique[2]? — Quel mal? — Elle est pleine de désordre. — Cela est vrai.

— Crois-tu qu'il y ait en ce désordre rien de surprenant, et n'excuses-tu pas ceux qui s'y laissent aller? — Par où sont-ils excusables? — Il leur arrive la même chose qu'à un enfant supposé qui, élevé dans le sein d'une famille noble, opulente, au milieu du faste et des flatteurs, s'apercevrait, étant devenu grand, que ceux qui se disent ses parents ne le sont pas, sans pouvoir découvrir ceux qui le sont véritablement. Me dirais-tu bien quels seraient ses sentiments à l'égard de ses flatteurs et de ses parents prétendus, avant qu'il eût connaissance de sa position, et après qu'il en serait instruit? Ou veux-tu savoir là-dessus ma pensée? — Je le veux bien. — Je m'imagine qu'il aurait d'abord plus de respect pour son père, sa mère et les autres qu'il regarderait comme ses proches, que pour ses flatteurs; qu'il aurait plus d'empressement à les secourir, s'il les voyait dans l'indigence, qu'il serait moins disposé à les maltraiter de paroles ou d'action, en un mot que, dans les choses essentielles, il leur obéirait plutôt qu'à ses flatteurs pendant tout le temps qu'il ignorerait son état. — Il y a apparence. — Mais à peine aurait-il connu la vérité, qu'aussitôt son respect et

1. La dialectique consiste essentiellement à faire de plusieurs un.

2. Un intervalle de dix ans doit séparer l'étude de l'ensemble des sciences de l'étude de la dialectique; c'est une preuve nouvelle que l'objet de la dialectique est profondément distinct de l'objet des sciences proprement dites, que les nombres ne sont pas les idées.

ses attentions diminueraient à l'égard de ses parents, et augmenteraient pour ses flatteurs; qu'ils s'abandonnerait à ceux-ci avec moins de réserve qu'auparavant, suivant en tout leurs conseils, et vivant avec eux publiquement dans la plus grande familiarité ; tandis qu'il ne s'embarrasserait nullement de ce père et de ces parents supposés, à moins qu'il ne fût d'un naturel très-sage. — La chose ne manquerait pas d'arriver comme tu dis : mais comment appliquer ce tableau au désordre dont tu te plains?

— Voici comment : dès l'enfance ne nous élève-t-on pas dans des principes de justice et d'honnêteté que nous honorons, à qui nous obéissons comme à nos parents? — Cela est vrai. — N'est-il pas aussi des maximes opposées à celles-là, maximes qui ne tendent qu'au plaisir, qui obsèdent notre âme comme autant de flatteurs, qui nous sollicitent vivement, mais qui ne nous persuadent pas, du moins ceux d'entre nous qui sont les plus sages, et qui conservent toujours pour les maximes dans lesquelles on les a élevés le même respect et la même soumission? — Cela est encore vrai. — Maintenant, si l'on vient demander à quelqu'un qui est dans cette disposition d'esprit ce que c'est que l'honnête, et si, après qu'il a répondu conformément à ce qu'il a appris de la bouche du législateur, on réfute sa réponse, on le confond à plusieurs reprises, et on le réduit à douter s'il y a rien qui soit honnête en soi plutôt que déshonnête ; si on en fait autant à l'égard du juste, du bon et des autres choses qu'il révérait le plus, quel parti crois-tu qu'il prenne au sujet du respect et de la soumission qu'il doit leur rendre? — C'est une nécessité qu'il les honore et leur obéisse moins qu'avant. — Mais, lorsqu'il en sera venu à n'avoir plus le même respect pour ces maximes, et à ne plus reconnaître les rapports intimes qu'elles ont avec lui, et qu'il lui sera d'ailleurs impossible de découvrir le vrai par lui-même, se peut-il faire qu'il embrasse d'autres maximes que celles qui le flattent? — Non. — Il deviendra donc rebelle aux lois, de soumis qu'il leur était auparavant. — Sans doute. — Ainsi, tu vois que ceux qui s'appliquent à la dialectique de la manière que je viens de dire doivent tomber dans cet inconvénient, et après tout ils méritent qu'on leur pardonne. — Et, de plus, qu'on les plaigne.

— Or, afin de ne pas exposer nos élèves au même inconvénient, lorsqu'ils seront parvenus à l'âge de trente ans, avant de les appliquer à la dialectique, tu prendras toutes les précautions nécessaires. — Fort bien. — N'est-ce pas d'abord une excellente précaution de leur interdire la dialectique quand ils sont trop jeunes? tu n'ignores pas sans doute que les jeunes gens, lorsqu'ils ont pris les premières leçons de la dialectique, s'en servent comme d'un amusement, et se font un jeu de contredire sans cesse. A l'exemple de ceux qui les ont confondus dans la dispute, ils confondent les autres à leur tour; et, semblables à de jeunes chiens, ils se plaisent à quereller et à déchirer avec le raisonnement tous ceux qui les approchent. — Tu les peins au naturel. — Après beaucoup de disputes où ils ont été tantôt vainqueurs, tantôt vaincus, ils finissent d'ordinaire par ne plus rien croire de ce qu'ils croyaient auparavant [1]. Par là, ils donnent occasion aux autres de les décrier, eux et la philosophie. — Rien de plus vrai. — Dans un âge plus mûr, on ne donnera point dans cette manie. On imitera plutôt ceux qui s'entretiennent dans le dessein de découvrir le vrai que ceux qui contredisent pour s'amuser et se divertir. On se fera ainsi une réputation d'homme sage et modéré, et on mettra la profession philosophique dans un degré d'estime où elle n'était point auparavant. — Très-bien.

— C'était encore par manière de précaution que nous disions plus haut qu'il ne fallait admettre aux exercices de la dialectique que des esprits graves et solides, au lieu d'y admettre, comme on fait de nos jours, le premier venu, qui n'a souvent aucune disposition pour cela. —Tu as raison. — Sera-ce assez de donner à la dialectique le double du temps qu'on aura donné à la gymnastique, et de s'y appliquer sans relâche et aussi exclusivement qu'on s'était livré aux exercices du corps? — Combien d'années, quatre ou six? — Mets-en cinq. Après quoi, tu les feras descendre de nouveau dans la caverne, les obligeant de passer par les emplois militaires et les autres fonctions propres à leur âge, afin qu'ils ne le cèdent à personne en expérience. Dans toutes

1. Allusion au scepticisme des sophistes.

ces épreuves, tu observeras s'ils demeurent fermes, quoiqu'ils soient tirés et sollicités de tous côtés, ou s'ils se laissent ébranler un peu. — Combien de temps dureront ces épreuves? — Quinze ans. Il sera temps alors de conduire au terme ceux qui à cinquante ans seront sortis purs de ces épreuves, et se seront distingués dans les sciences et dans toute leur conduite, de les contraindre à diriger l'œil de l'âme vers l'être qui éclaire toutes choses, à contempler l'essence du bien[1], et à s'en servir après comme d'un modèle pour régler leurs mœurs, celles de l'Etat et de chaque citoyen, s'occupant presque toujours de l'étude de la philosophie, mais se chargeant, quand leur tour viendra, du fardeau de l'autorité et de l'administration des affaires dans la seule vue du bien public et dans la persuasion que c'est moins une place d'honneur qu'un devoir onéreux et indispensable. C'est alors qu'après avoir travaillé sans cesse à former et à laisser à l'Etat des successeurs dignes de les remplacer, ils pourront passer de cette vie dans les îles fortunées. L'Etat leur érigera de magnifiques tombeaux, et, si l'oracle d'Apollon le trouve bon, on leur fera des sacrifices comme à des génies tutélaires ou du moins comme à des âmes bienheureuses et divines.

— Socrate, tu viens de nous donner en sculpteur habile le modèle d'un magistrat accompli. — Applique ceci aux femmes, mon cher Glaucon; et ne crois pas que j'aie parlé plutôt pour les hommes que pour celles des femmes qui seront douées d'une aptitude convenable[2]. — Cela doit être, puisque, dans notre système, il faut que tout soit commun entre les deux sexes.

1. Le Bien a donc une place à part dans la hiérarchie des idées; pendant cinq ans les futurs magistrats seront exercés à la dialectique; puis pendant quinze ans, de trente-cinq à cinquante ans, ils exerceront des emplois militaires; enfin à cinquante ans, ils contempleront cet être qui éclaire toutes choses; il y a donc deux stades dans la dialectique : le premier aboutit à la détermination des éléments communs aux idées; le second à la cause de la combinaison de ces éléments; le Bien n'est ni l'unité ni la dyade indéfinie, mais la raison de l'union de ces deux principes.

2. Dans la république de Platon, les femmes sont assimilées aux hommes : « Nous avons représenté les hommes comme les gardiens d'un troupeau; suivons donc cette idée. Croyons-nous que les femelles des chiens doivent

— Eh bien, mes amis, m'accordez-vous à présent que notre projet d'Etat et de gouvernement n'est pas un simple souhait? L'exécution en est difficile, sans doute; mais elle est possible, et elle ne l'est que comme il a été dit, savoir, lorsqu'on verra à la tête des gouvernements un ou plusieurs vrais philosophes, qui, regardant d'un œil de mépris les honneurs qu'on brigue aujourd'hui, persuadés qu'ils ne sont d'aucun prix, n'estimant que le devoir et les honneurs qui en sont la récompense, mettant la justice au-dessus de tout pour l'importance et la nécessité, soumis en tout à ses lois, et s'appliquant à la faire prévaloir, entreprendront la réforme de l'Etat. — De quelle manière? — Ils relégueront à la campagne tous les citoyens qui seront au-dessus de dix ans[1]; et, ayant soustrait de la sorte les enfants de ces citoyens à l'influence des mœurs actuelles, puisque leurs parents y auront été eux-mêmes soustraits, ils les élèveront conformément à leurs propres mœurs et à leurs propres principes, qui sont ceux que nous avons exposés ci-dessus. Par ce moyen, ils établiront dans l'Etat, en peu de temps et sans peine, le gouvernement dont nous avons parlé, et le rendront très-heureux. — Sans contredit. Je crois, Socrate, que tu as trouvé la manière dont notre projet s'exécutera, supposé qu'il s'exécute un jour. — Finissons là notre discours au sujet de cette République et de l'homme qui lui ressemble. Il n'est pas malaisé de juger quel il doit être selon nos principes. — Non sans doute; et, comme tu dis, la matière est épuisée.

veiller comme eux à la garde des troupeaux, aller à la chasse avec eux, et faire tout en commun, ou bien qu'elles doivent rester au logis, tandis que le travail et le soin des troupeaux seront le partage exclusif des mâles? — Nous voulons que tout soit en commun; seulement, dans les services qu'on réclame, on a égard à la faiblesse des femelles et à la force des mâles. — Peut-on tirer d'un animal les services qu'on tire d'un autre, s'il n'a été nourri et dressé de la même manière? — Non. — Par conséquent, si nous réclamons des femmes les mêmes services que des hommes, il faut leur donner la même éducation. » (*Rép.*, liv. V.)

1. Il ne s'agit pas d'une simple réforme, mais d'une création de toutes pièces; mais comme il faut une matière à cette forme idéale d'Etat, Platon conserve comme éléments les enfants âgés de moins de dix ans, qui n'ont pas encore subi l'influence malfaisante des mœurs actuelles.

PARIS. — IMPRIMERIE DE E. MARTINET, RUE MIGNON, 2

GRAMMAIRE DE LA LANGUE ANGLAISE

Contenant : 1° Un traité de la prononciation avec un *syllabaire* et de nombreux exercices de lecture à l'usage des commençants ; — 2° Un cours de thèmes complet sur les règles et les difficultés de la langue ; — 3° Idiotismes ; — 4° Dialogues familiers, par MM. CLIFTON, auteur du nouveau Dictionnaire anglais, et MERVOYER. 1 vol. gr. in-18, cartonné. . . . 2 fr.

GRAMMAIRE THÉORIQUE ET PRATIQUE DE LA LANGUE ALLEMANDE

Par ERNEST GRÉGOIRE, licencié en droit 1 vol. gr. in-18. . . . . 3 fr

GRAMMAIRE ITALIENNE

En 25 leçons, d'après VERGANI, corrigée et complétée par C. FERRARI, ancien professeur à l'Ecole normale et à l'Université de Turin, auteur du *Nouveau Dictionnaire italien-français et français-italien.* 1 vol. cart. . . . 2 fr.

GRAMMAIRE ESPAGNOLE-FRANÇAISE DE SOBRINO

Très-complète et très-détaillée, contenant toutes les notions nécessaires pour apprendre à parler et à écrire correctement l'espagnol. Nouvelle édition, refondue avec le plus grand soin, par A. GALBAN, professeur. 1 vol. in-8. 4 fr.

GRAMATICA DE LA LENGUA FRANCESA

Para los Españoles, por CHANTREAU, corrigée avec le plus grand soin par A. GALBAN, professeur des deux langues. 1 vol. in-8. . . . . 4 fr.

NUOVA GRAMMATICA FRANCESE-ITALIANA

Por LODOVICO GOUDAR, con nuove regole e spiegazioni interno alla moderna pronunzia, alla natura dei dittonghi france i ed ai participii, ricavate dalle opere de migliori grammatici. Nuova edizione. correcta ed arrichita da CACCIA, autore del nuovo Dizionario italiano-spagnuolo. 1 vol. grand in-18 cartonné. . . . . 2 fr.

GRAMMAIRE PORTUGAISE

Remaniée et simplifiée par M. PAULINO DE SOUZA. 1 fort vol. grand in-18 cartonné. . . . . 6 fr.

NOUVELLE GRAMMAIRE GRECQUE

D'après les principes de la grammaire comparée, par A. CHASSANG, ancien maître de conférences de langue et littérature grecques à l'Ecole normale, inspecteur de l'Académie de Paris. 1 vol. in-8 cartonné. . . . . . . 3 fr.

Abrégé de la même grammaire. . . . . 1 fr. 50

NOUVELLE GRAMMAIRE LATINE

D'après les principes de la grammaire comparée, par C. BEAUFILS, professeur au lycée Condorcet, 1 vol. in-8, cartonné. . . . . 3 fr.

Abrégé de la même grammaire. . . . . 5 fr.

PETITS DICTIONNAIRES EN DEUX LANGUES

Avec la prononciation figurée, très-complets et exécutés avec le plus grand soin, à l'usage des voyageurs, des lycées, des colléges, et de toutes les personnes qui étudient les langues étrangères. Format gr. in-32, relié.

Nouveau Dictionnaire anglais-français et français-anglais, par M. Clifton. 1 vol. rel. . . . . 5 fr.

Nouveau Dictionnaire allemand-français et français-allemand, par M. Rotteck (de Berlin). 1 vol. rel. 5 fr.

Nouveau Dictionnaire français-espagnol et espagnol-français, par Vicente Salva. 1 vol. rélié. . . . 6 fr.

Nouveau Dictionnaire italien-français et français-italien, avec la prononciation figurée par Ferrari. 1 gr. vol. relié. . . . . 5 fr.

Nouveau Dictionnaire portugais-français et français-portugais, avec la prononciation figurée dans les deux langues, rédigé d'après les meilleurs dictionnaires par Souza Pinto. 1 fort vol. rel. . . . . 6 fr.

Diccionario español-inglés é inglés-español portátil, con la pronunciacion en ambas lenguas, formada com presencia de los mejores diccionarios ingleses y españoles por Don F. Corona Bustamante. 2 tomos. . . . . . 6 fr

Diccionario español-italiano é italiano-español, con la pronunciacion en ambas lenguas, compuesto por D. J. Caccia, con arreglo á los mejores diccionarios. 1 tomo. . . . . . 5 fr

Nouveau Dictionnaire latin-français, par E. de Suckau. 1 fort vol. . 5 fr.

Dictionnaire grec-français, rédigé sur un plan nouveau, par A. Chassang, maître de conférences de langue et de littérature grecques à l'Ecole normale supérieure. 1 vol. relié. . 6 fr.

PETIT DICTIONNAIRE NATIONAL, par Bescherelle aîné, auteur du *Grand Dictionnaire national* 1 fort vol. in-32 jésus. . . . . . . 2 fr.

PETIT DICTIONNAIRE D'HISTOIRE, DE GÉOGRAPHIE ET DE MYTHOLOGIE, par J.-P. Quitard, faisant suite au *Petit Dictionnaire national* de M. Bescherelle aîné. 1 vol in-32. . . . . 1 fr. 75

Les deux ouvrages réunis en 1 fort vol. relié en toile. . . . . . . 4 fr.

NOUVEAU DICTIONNAIRE DES RIMES

Précédé d'un traité complet de versification, par P.-M. Quitard, auteur du *Petit Dictionnaire d'histoire et de géographie.* 1 vol. grand in-32. 2 fr.

Reliure percaline, tranche jaspée de chacun de ces dictionnaires. . 60 c.

GUIDES POLYGLOTTES

Manuels de la conversation et du style épistolaire, à l'usage des voyageurs et des écoles, par MM. Clifton, Vitali, Corona Bustamante, Ebeling. Grand in-32, format dit Cazin, élégamment cartonné. Le volume. . . . 2 fr.

Français-anglais, par M. Clifton. 1 v.
Français-italien, par M. Vitali. 1 vol.
Français-allemand, par M. Ebeling. 1 v.
Français-espagnol, par M. Corona Bustamante. 1 vol.
Español-francés, por Corona Bustamante. 1 vol.
English-french, by Clifton. 1 vol.
Hollandsch-Fransch, par Dufriche. 1 v.
English-portuguese, by Clifton and Carolino Duarte. 1 vol.
Español-inglés, por Corona Bustamante y Clifton. 1 vol.
Español-aleman, por Corona Bustamante y Ebeling. 1 vol.
English-Deutsch, by Carolino Duarte. 1 vol.
Italiano tedesco, da Giovanni Vitali e Dr Ebeling. 1 vol.
Español-italiano, por Corona Bustamante y Vitali. 1 vol.
Portuguez-francez, por M. Carolino Duarte y Clifton. 1 vol.
Portuguez-inglez, por Duarte y Clifton, 1 vol.

GUIDE EN SIX LANGUES. Français-anglais-allemand-italien-espagnol-portugais. 1 fort vol. in-16 de 550 pages. . . . . 5 fr.

GUIDE EN QUATRE LANGUES. Français-anglais-allemand-italien 1 fort vol. in-32. . . . . 3 fr.

Guide français-anglais, manuel de la conversation et du style épistolaire avec la *prononciation figurée de tous les mots anglais*, 1 vol. in-16 4 fr.

Polyglot Guides Manual of Conversation. English and French with the figured pronunciation of the French 1 vol. in-16. . . . . 4 fr.

GRAND DICTIONNAIRE ESPAGNOL-FRANÇAIS ET FRANÇAIS-ESPAGNOL

Avec la prononciation dans les deux langues, plus exact et plus complet qui tous ceux qui ont paru jusqu'à ce jour, rédigé d'après les matériaux réunis par D. VICENTE SALVA, et les meilleurs dictionnaires anciens et modernes, par F. DE P. NORIÉGA ET GUIM. 1 fort vol. gr. in-8 jésus, . 18 fr.

GRAND DICTIONNAIRE ITALIEN-FRANÇAIS ET FRANÇAIS-ITALIEN

Avec la prononciation figurée dans les deux langues. 2 forts volumes grand in-8. . . . . 20 fr.

NOUVEAU DICTIONNAIRE GREC-FRANÇAIS

Par CHASSANG, maître de conférences de langue et de littérature grecques à l'École normale supérieure, docteur ès lettres, lauréat de l'Institut. Ouvrage rédigé d'après les plus récents travaux de philologie grecque, comprenant : 1° Les mots de la langue grecque, depuis Homère jusqu'aux écrivains byzantins ; 2° Les noms propres de la langue grecque ; 3° Les formes irrégulières, poétiques ou propres aux dialectes ; 4° Des renvois aux mots simples et aux racines ; et précédé d'une Introduction à l'étude de la langue et de la littérature grecques, contenant : 1° Un résumé de l'Histoire de la littérature grecque ; 2° Des notions élémentaires sur les origines de la langue grecque et sur la Formation des mots ; 3° Une liste des Racines, des Radicaux et des mots simples de la langue grecque ; et une liste des préfixes et suffixes, des lettres de liaison, des terminaisons et désinences ; 4° Des éléments de grammaire grecque d'après la méthode de la grammaire comparée ; 5° Diverses Notions complémentaires, à savoir : I. Prononciation grecque ; II. Métrique et Prosodie grecques ; III. Calendrier, Monnaies, Poids et Mesures, Numération des Grecs ; IV. Principaux signes et abréviations des anciennes éditions de livres grecs. 1 vol. gr. in-8 de 1,500 p. envir. : rel. toile 15 fr.

DICTIONNAIRE ENCYCLOPÉDIQUE D'HISTOIRE, DE BIOGRAPHIE DE MYTHOLOGIE ET DE GÉOGRAPHIE

Comprenant : 1° *Histoire :* L'histoire des peuples, la chronologie des dynasties, l'archéologie, l'étude des institutions politiques, religieuses et judiciaires, et des divers systèmes philosophiques ; — 2° *Biographie :* La biographie des hommes célèbres, avec notices bibliographiques sur leurs ouvrages, — 3° *Mythologie* : La biographie des dieux et personnages fabuleux, l'exposition des rites, fêtes et mystères ; — 4° *Géographie :* La géographie physique, politique, industrielle et commerciale, la géographie ancienne et moderne comparées, par LOUIS GRÉGOIRE, docteur ès lettres. 1 fort vol. gr in-8 jésus de 2,250 pages : 20 fr. — Relié demi-chagrin, plats toile 25 fr.

M. le Ministre de l'instruction publique a souscrit pour les Bibliothèques.

DICTIONNAIRE GÉNÉRAL DES SCIENCES THÉORIQUES ET APPLIQUÉES

Comprenant les mathématiques, la physique et la chimie, la mécanique et la technologie, l'histoire naturelle et la médecine, l'économie rurale et l'art vétérinaire, par MM. PRIVAT-DESCHANEL et AD. FOCILLON, professeurs des sciences physiques et des sciences naturelles. 2 forts vol. gr. in-8. 32 fr.

NOUVEAU DICTIONNAIRE COMPLET DES COMMUNES DE LA FRANCE, DE L'ALGÉRIE ET DES AUTRES COLONIES

Nomenclature de toutes les communes, leur division administrative, leur population, leurs principales sections, les châteaux ; les bureaux de poste, leur distance de Paris ; les stations de chemins de fer, les bureaux télégraphiques, l'industrie, le commerce, les productions du sol, et tous les renseignements relatifs à l'organisation administrative, par M. GINDRE DE MANCY. Quatrième édition, revue, corrigée et contenant la liste des communes annexées à l'Allemagne. 1 beau vol. in-8 raisin de 1,000 pages, avec une carte des chemins de fer français. . . . . 12 fr.

DICTIONNAIRE PORTATIF DES COMMUNES DE LA FRANCE, DE L'ALGÉRIE ET DES AUTRES COLONIES FRANÇAISES

Précédé de tableaux synoptiques, par M. GINDRE DE MANCY, accompagné d'une carte de la France. Nouvelle édition revue, corrigée, contenant la liste des communes annexées à l'Allemagne. 1 fort vol. in-32 de 750 pages. cart. toile. . . . . 5 fr.

ENCYCLOPÉDIE THÉORIQUE ET PRATIQUE DES CONNAISSANCES UTILES

Composée de traités sur les connaissances les plus indispensables, ouvrage entièrement neuf, avec environ 1,500 gravures intercalées dans le texte. 2 vol. grand in-8. . . . . 25 fr.

BIOGRAPHIE UNIVERSELLE

BIOGRAPHIE PORTATIVE UNIVERSELLE, contenant 29,000 noms, suivie d'une table chronologique et alphabétique, par L. LALANNE, A. DELLOYE, etc. 1 vol de 2,000 col., format du *Million de faits,* contenant la matière de 12 v. 8 fr.

UN MILLION DE FAITS

Aide-mémoire universel des sciences, des arts et des lettres, par MM. J. AICARD, LÉON LALANNE, LUDOVIC LALANNE, GERVAIS, etc. Un fort vol. portatif. in-8 de 1,720 colonnes, orné de gravures sur bois. . . . . 9 fr.

CODES ET LOIS USUELLES

Classés par ordre alphabétique. 5e édition, contenant la législation jusqu'en 1875, collationnée sur les textes officiels, représentant en notes sous chaque article, ses différentes modifications, la corrélation des articles entre eux, la concordance avec le droit romain, l'ancienne législation française et les lois nouvelles. Précédée de la Constitution de la république française et accompagnée d'une table chronologique et d'une table générale des matières; par AUGUSTIN ROGER, avocat à la Cour d'appel de Paris, et ALEXANDRE SOREL, juge au tribunal civil de Compiègne. 1 beau vol. gr. in-8 raisin de 1,200 pages, 15 fr.; rel. demi-chagrin. . . . . 18 fr.

LE MÊME OUVRAGE, édition portative, format grand in-32 jésus, en 2 parties. 1re PARTIE. Les *Codes*, 4 fr. — 2e PARTIE. Les *Lois usuelles*. . . . 4 fr.

Reliure demi-chagrin, 1,25 par volume.

TRAITÉ DE CHIMIE APPLIQUÉE AUX ARTS

Par M. DUMAS, ancien ministre, membre de l'Académie des sciences et de l'Académie de médecine, etc. 8 vol. in-8 et 2 atlas in-4, édition de Liége, introduite en France avec l'autorisation de l'auteur. . . . . . . 150 fr.

Cet ouvrage, dont l'édition française est totalement épuisée, et que recommande si puissamment le nom de M. Dumas, fait autorité dans la science. C'est un livre essentiellement pratique.

COURS COMPLET D'AGRICULTURE

Ou Nouveau Dictionnaire d'agriculture théorique et pratique, d'économie rurale et de médecine vétérinaire, sur le plan de l'ancien Dictionnaire, par MM. le baron DE MOROGUES, MIRBEL, HÉRICART DE THURY, PAYEN, MATHIEU DE DOMBASLE, etc. 4e édition, revue et corrigée. 20 vol. br. en 19 gr. in-8 à 2 colonnes, avec environ 4,000 sujets grav., relat. à la gr. et à la petite culture, à l'économie rurale et domest., à la descript. des plant., etc. 112 fr.

DICTIONNAIRE D'HIPPIATRIQUE ET D'ÉQUITATION

Ouvrage où se trouvent réunies toutes les connaissances équestres et hippiques, par F. CARDINI, lieutenant-colonel en retraite. 2 vol. gr. in-8 ornées de 70 figures. 2e édition, corrigée et considérablement augmentée. 20 fr.

GÉOLOGIE APPLIQUÉE, OU TRAITÉ DU GISEMENT ET DE L'EXPLOITATION DES MINÉRAUX UTILES ;

Par M. A. Burat, ingénieur, professeur de géologie et d'exploitation des mines à l'École centrale des arts et manufactures; cinquième édition, revue, considérablement augmentée, divisée en deux parties. — Géologie. — Exploitation. — 2 forts volumes in-8, illustrés de vues, gravées sur acier, et de nombreuses figures. . . . . 25 fr.

ÉLÉMENTS DE GÉOLOGIE

Ou changements anciens de la terre et de ses habitants, tels qu'ils sont représentés par les monuments géologiques, par sir Ch. Lyell. Traduit de l'anglais sur la sixième édition avec le consentement de l'auteur, par M. Ginestou, bibliothécaire de la Société d'encouragement. 6ᵉ édition considérablement augmentée et illustrée de 770 gravures. 2 beaux vol. in-8. . . . . 20 fr.

PRINCIPES DE GÉOLOGIE

Ou illustrations de cette science empruntées aux changements modernes de la terre et de ses habitants par sir Charles Lyell, baronnet. Traduit de l'anglais sur la onzième édition, avec l'autorisation de l'auteur par M. J. Ginestou Avec cartes, gravures en taille-douce et figures. 2 vol. in-8. 25 fr.

DE L'EXPLOITATION DES CHEMINS DE FER

Leçons faites à l'École nationale des ponts et chaussées par F. Jacqmin, ingénieur des ponts et chaussées, directeur de l'exploitation des chemins de fer de l'Est, professeur à l'École nationale des ponts et chaussées. 2 beaux vol. in-8 cavalier. . . . . 16 fr.

DES MACHINES A VAPEUR

Leçons faites en 1869-70 à l'École nationale des ponts et chaussées. Du même auteur. Deux forts volumes grand in-8 cavalier. . . . . . 16 fr.

TRAITÉ ÉLÉMENTAIRE DES CHEMINS DE FER

Par Auguste Perdonnet, ancien élève de l'École polytechnique, directeur de l'École nationale centrale des arts et manufactures, ancien ingénieur en chef de plusieurs chemins de fer, président de l'Association polytechnique. 3ᵉ éd., revue, corrigée et considérablement augmentée. 4 très-forts vol. in-8, avec 1,100 fig. sur bois et sur acier; cart., tableaux, etc. 70 fr.

DICTIONNAIRE DE LA CONVERSATION ET DE LA LECTURE

52 vol. grand in-8, de 500 pages à 2 colonnes. 208 fr.; net. . . . . 140 fr.

SUPPLÉMENT AU

DICTIONNAIRE DE LA CONVERSATION ET DE LA LECTURE

Rédigé par tous les écrivains et savants dont les noms figurent dans cet ouvrage et publié sous la direction du même rédacteur en chef. 16 vol. in-8 de 500 pages, pareils aux 52 volumes publiés de 1833 à 1839. . . 80 fr.

Aujourd'hui les seuls exemplaires qui conservent *leur valeur primitive* sont ceux qui sont accompagnés du *Supplément.*

GUIDE DU SONDEUR

Traité théorique et pratique des sondages, par MM. Degousée et Ch. Laurent, ingénieurs civils, fabricants d'équipages de sonde. Deuxième édition, composée de 2 forts volumes in-8, avec un grand nombre de gravures sur bois intercalées dans le texte, et accompagnés d'un Atlas de 62 planches gravées, sur acier, représentant un très-grand nombre de figures, d'outils, coupes de terrains, etc. Prix des 2 vol. brochés et de l'Atlas cartonné. . 30 fr.

OUVRAGES RELIGIEUX

Les saints Évangiles. Traduction de Lemaistre de Sacy, selon saint Marc, saint Mathieu, saint Luc et saint Jean. Nouvelle édition avec encadrements en couleur, ornée de magnifiques gravures sur acier et d'un beau frontispice or et couleur. 1 vol. gr. in-8° jésus. . . . . 20 fr.

Oraisons funèbres et sermons choisis de Bossuet. Nouvelle édition illustrée de 12 gravures sur acier, d'après Rembrandt, Mignard, Nanteuil, Ribera, Staal, Rigaud, Poussin, Van Dyk, Carrache, Spada, etc., gravées par F. Delannoy, E. Willmann, Girardet, Robinson. Egleton, Holl, Jenkins, etc. 1 beau vol. in-8, jésus. . . . 18 fr.

Méditations sur l'Évangile, par Bossuet, revues sur les manuscrits originaux et les éditions les plus correctes, et enrichies de 12 magnifiques gravures sur acier, d'après Raphael, Rubens, Poussin, Rembrandt, etc. 1 vol. grand in-8 jésus. . . . . . . 18 fr.

Discours sur l'histoire universelle, par Bossuet; nouvelle édition, précédée d'une introduction. 1 beau vol. grand in-8 jésus, orné de magnifiques grav. sur acier, d'après les grands maîtres. . . . . 16 fr.

Les saintes Femmes. Texte par Mgr Darboy, archevêque de Paris. Collection de portraits, gravés sur acier, des femmes remarquables de l'histoire de l'Eglise. 1 vol. grand in-8 jésus . . . . 20 fr.

La sainte Bible. Traduite en français par Lemaistre de Sacy, accompagnée du texte latin de la Vulgate, grav. sur acier d'après Raphael, le Titien, Paul Véronèse, Salvator Rosa, Poussin, H. Vernet, etc., une galerie de portraits des femmes de la Bible. 6 forts vol. grand in-8 jésus, papier vélin avec une carte et un plan de Jérusalem. . . . . 100 fr.

Imitation de Jésus-Christ. Traduite par l'abbé Dassance, avec approbation de Mgr l'archevêque de Paris, avec encadrements variés, frontispice or et couleur, et 10 gravures sur acier. 1 vol. gr. in-8 jésus. . . . . 20 fr.

L'Imitation de Jésus-Christ. Traduction nouvelle, avec des réflexions à la fin de chaque chapitre, par M. l'abbé F. de Lamennais. Nouvelle édition, avec encadrements en couleur, ornée de 10 gravures sur acier et d'un frontispice rehaussé d'or. 1 magnifique vol. grand in-8 jésus. . . . . . . 20 fr.

Les Vies des saints, pour tous les jours de l'année, nouvellement écrites par une réunion d'ecclésiastiques et d'écrivains catholiques, classées pour chaque jour de l'année par ordre de dates, d'après les Martyrologes et Godescard; illustrées d'environ 1,800 gravures. 4 beaux volumes grand in-8 . . . . 40 fr.

Les Vies des Saints ont obtenu l'approbation des archevêques et des évêques.

Biblia Sacra *Vulgatæ editionis* Sixti V pontificis maximi *jussu recognita et* Clementis VIII. 1 beau et fort volume grand in-18 jésus, imprimé avec le plus grand soin par J. Claye, en caractères très-lisibles. . . . . . 6 fr.

L'Adoration des bergers, de J. Ribera (l'Espagnolet), tableau du Salon carré du Louvre, gravée au burin par P. Pelée. *Estampe* de 43 centimètres de haut sur 30 centimètres de large, tirée sur format grand colombier vélin.

Papier blanc. . . . . 18 fr
Papier de Chine, avec la lettre. 24 fr
Epreuves sur papier blanc avant la lettre, à. . . . . 36 fr
Et 75 épreuves sur papier de Chine, avant la lettre, à. . . 48 fr.
Il a été tiré 50 épreuves d'artiste sur papier de Chine, à. . . . 80 fr.
Et 7 épreuves de remarque sur papier de Chine, net à . . . . 130 fr.

TABLEAUX DES SCIENCES, ARTS ET MÉTIERS

Ostéologie, 1 feuille; **Myologie**, 1 feuille; **Syndesmologie**, 1 feuille; **Névrologie**, 1 feuille; par M. J. C. Werner, gravés sur acier. Chaque tableau forme une partie complète, noir. 3 fr. 50 En couleur.. . . 5 fr.

Vignole complet mis en tableau, avec un texte explicatif. 1 feuille 1 fr. 75

Mécanique théorique et pratique appliquée à la composition et à l'emploi des machines, avec un texte par M. Perrot. 1 feuille. . . . . 1 fr. 75

Menuiserie, par le même, avec un texte explicatif. Une feuille.. . . 1 fr. 50

Tableau comparatif des champignons comestibles et des champignons vénéneux. 1 feuille jésus, avec un texte explicatif, en couleurs. 4 fr.

Tableau de météorologie, par le même. Une feuille. . . . . 1 fr. 75

Tableau des animaux et des végétaux avant le déluge, rédigé d'après G. Cuvier, Buckland, de Humboldt, etc., par le même. Une f. en noir. 1 fr. 75
Le même en couleur. . . . 3 fr. 50

Tableau des habitations des personnages célèbres, par le même. Une feuille. . . . . 1 fr. 75

Charpenterie, par le même, 1 f. 1 fr. 75

Serrurerie et quincaillerie, par le même. Une feuille. . . . . 1 fr. 75

PÉDAGOGIE, LIVRES DE LECTURE, ÉCRITURE

Cours de pédagogie, ou principes d'éducation publique à l'usage des instituteurs, divisé en deux parties, par M. V. Rendu. In-12, cart. 1 fr. 50
Ouvrage autorisé par l'Université.

Mémoire sur l'instruction en Prusse; par V. Cousin. In-8. . . . . 2 fr. 50

Abécédaire nouveau, approuvé par Vernhes et J. M. Bosc. 1 vol. in-8. 75 c.

Petits Alphabets religieux, militaires, comiques, illustrés de vignettes.
En noir, cartonné . . . . . . 50 c.
Colorié . . . . 1 fr.

Méthode de lecture sans épellation, par M Abria. 1 cahier gr. in-16 15 c.

Tableaux de lecture courante sans épellation. 28 tableaux. . 1 fr. 50

Résumé du manuel de morale pratique et religieuse, par Barrier et Chenet. In-12 cartonné.. . . . 60 c.

La Morale en action, recueil nouveau de traits historiques, par Martin et Quitard. In-12. . . . . 1 fr.

Leçons choisies d'instruction morale et religieuse, extraites des auteurs par Th. Soulice. In-12. 1 fr. 50

Leçons graduées de lectures manuscrites, ou choix d'écritures variées, par M. Ch. Martin. In-12. 75 c.

De l'Instruction intermédiaire dans le midi de l'Allemagne, par M. Saint-Marc Girardin. 2 volumes in-8. . 5 fr.

Livre d'instruction morale et religieuse, 1 vol. in-12, cart... 1 fr. 50

Recueil de fac-simile de toute espèce d'écritures. In-8. . . . . 1 fr.
Partie du Maitre. 1 vol. in-8. . 1 fr.

Formules d'actes applicables aux affaires, par M. F. Maupré. In-12. 80 c.

Résumé de l'histoire de France, avec six tableaux chronologiques et quatre cents questions par M. Ch. Martin. In-12 cart. . . . . . 1 fr. 25

Histoire de l'Ancien Testament, par le chanoine Schmid. In-18, figures, cartonné. . . . . 50 c.

Histoire du Nouveau Testament, par le chanoine Schmid. In-18, figures, cartonné. . . . . 50 c.

GRAMMAIRES ET DICTIONNAIRES

Grammaire populaire ou Grammaire pratique en **92 leçons**, mise à la portée des plus jeunes enfants, avec des exercices gradués sur chaque règle, par M. Ch. Martin. In-12. . 1 fr. 25

L'Art d'enseigner la grammaire française suivant le système des écoles-modèles, par le même. 1 fr. 75

Grammaire des écoles primaires supérieures, par le même. 4e édit. In-12, br.. . . . . 1 fr. 75

Grammaire française de Lhomond, augmentée, par Martin. In-12.. 40 c.

Nouveaux éléments de grammaire, en 48 leçons, par Peigné. In-12. 1 fr. 40

Grammaire pratique par M. V. A. Vanier. In-12, cartonné . . . . . 75 c.

Le Complément des études sur la langue française, par le même.
Partie du Maitre. In-12 cart. 1 fr. 75

Les Pourquoi et les parce que de la langue francaise. In-18. 1 fr. 20

Les Participes réduits à une seule règle, par M. Vanier In-32. 50 c.

Nouveau Dictionnaire français, d'après la dernière édition de l'Académie par Ch. Martin. 1 v. de 600 pag. in-32. 1 fr. 25. Cart. dos en toile, 1 fr. 40 relié en basane pleine. . . 1 fr. 75

Ollendorff. Méthode pour apprendre l'allemand. 2 vol. in 8. . . . 10 fr.

— Clef de la méthode allemande. 6e édit. 1 vol. . . . . 3 fr.

Introduction de la méthode allemande. 9e édi. Br. . . . . . . 2 fr.

— Méthode pour apprendre l'anglais. 2e édt. 1 vol. in-8 . . . 10 fr.

— Clef de la méthode anglaise. 1 v. in-8 . . . . 3 fr.

— Nouvelle méthode à l'usage des Allemands pour apprendre le français. 1 vol. in-8 . . . . 9 fr.

— Méthode pour apprendre l'italien. 1 volume in-8. . . . . 10 fr.

— Méthode pour apprendre l'espagnol. 1 vol. in 8 . . . . . . 10 fr.

— Clef de la méthode espagnole. 1 v. in-8 . . . . 3 fr.

— Méthode pour des Espagnols à apprendre le français. 1 v. in-8. 10 fr.

— Méthode pour apprendre le latin. 1 volume in-8 . . . . 10 fr.

— Clef de la méthode latine. . 3 fr.

— Introduction à la méthode latine. . . . . 2 fr.

METHODE TIRPENNE, LE DESSIN APPRIS SANS MAITRE

LA LIVRAISON, 75 CENT., NET 50

Cours élémentaire et progressif de dessin, exercices tracés et gradués.

Du Dessin linéaire, par MM. Chapuy.

De la Figure, par M. Maurin,

De l'Ornement, par M. Danjoy.

De la Figure de genre, par Deveria.

Des Fleurs, sous la direction de M. Redouté, par M. Prevost.

Des Animaux, par M. V. Adam.

Du Paysage, par M. Tirpenne.

Des Cartes géographiques, par M. Dufour.

Modèles de dessin sur papier de couleur, rehaussés de blanc. Figures de genre, animaux, paysages. Un quart jésus.. . . . . 25 c.

www.ingramcontent.com/pod-product-compliance
Ingram Content Group UK Ltd.
Pitfield, Milton Keynes, MK11 3LW, UK
UKHW031922260826
14628UKWH00003B/1360

9 782329 324838